高等院校应用技术型财会类精品教材

基础会计实务

（第二版）

李会青　主编

上海财经大学出版社

图书在版编目(CIP)数据

基础会计实务/李会青主编．—2版．—上海：上海财经大学出版社，2017.8

(高等院校应用技术型财会类精品教材)

ISBN 978-7-5642-2810-1/F·2810

Ⅰ.①基…　Ⅱ.①李…　Ⅲ.①会计实务-高等学校-教材　Ⅳ.①F233

中国版本图书馆 CIP 数据核字(2017)第 200940 号

□ 责任编辑　刘光本
□ 责编电邮　lgb55@126.com
□ 责编电话　021－65904890
□ 封面设计　韩庆熙

JICHU KUAIJI SHIWU

基础会计实务

(第二版)

李会青　主编

上海财经大学出版社出版发行
(上海市中山北一路 369 号　邮编 200083)
网　　址：http://www.sufep.com
电子邮箱：webmaster @ sufep.com
全国新华书店经销
江苏凤凰数码印务有限公司印刷装订
2017 年 8 月第 2 版　2017 年 8 月第 1 次印刷

787mm×1092mm　1/16　14 印张　358 千字
印数：10 001－14 000　定价：39.00 元

前　言

会计学是一门应用性和操作性很强的管理学科，理论联系实际是会计专业教学的核心和目标。为在普通高等本科院校加强会计实践性教学，提高学生实际操作水平，培养适应现代化社会发展的应用型人才，我们结合多年教学和实际工作经验，精心编写了《基本会计实务》这本教材。

《基础会计实务》作为基础会计的实践入门教材，其目的是要将学生所学的会计理论知识转化为实际应用能力，使学生经过系统的实践学习，掌握会计工作的各项基本技能，提高学生的实际动手能力和培养学生较为全面的专业综合素质。本教材以企业经营过程中的实际业务素材为核心内容，结合我国全面推行的"营改增"税制改革，将供产销基本业务处理、成本核算、纳税业务、财务报表编制等相关内容有机结合起来，使实践能力和职业素养的培养相融合。本教材适用于普通高等院校会计学、财务管理等经济管理类专业基础会计课的教学和实训，也可作为各类会计人员上岗培训用书和初学者学习使用。本教材具有以下特点：

1.设计合理

本教材由教学大纲和教学内容两部分构成。教学大纲为实务教学明确了基本纲要，实训内容紧扣《基础会计学》课程的教学内容。教材体系结构完整，更适合教学和初学者使用。

2.内容全面

本教材实训内容设计了会计凭证、会计账簿、会计报表、综合实务、纳税申报和公司财务会计制度六个模块。每个模块包括操作目的、操作步骤、实务内容、操作指导四个环节，使教学过程环环紧扣，循序渐进，有助于在校内开展基础会计实务教学。

3.资料仿真

本教材以一家中小型风机制造企业为原型，对其经济业务内容进行筛选调整，系统设计企业基本情况、会计政策和经济业务。以此为依据，要求学生运用完全真实的证、账、表资料完成企业财务工作。实训的任务、素材、手段全仿真，以加强学生会计核算能力、认识问题能力、解决问题能力的培养，达到掌握会计实务工作各项基本技能的目的。

《基础会计实务》(第二版)由山西大学商务学院李会青副教授任主编,高欣老师、王蔚老师任副主编,由晓琴老师和张慧英老师参编。在编写中得到了山西大学商务学院领导和企业财务工作者的大力支持,在此表示感谢。由于编写时间仓促,教材难免有不足之处,恳请专家和读者给予批评指正。

编　者
2017 年 8 月

目 录

教学大纲

【总则】

1. 本大纲适用范围

会计学专业、财务管理专业及其他经济类专业。

2. 实务操作目的和要求

《基础会计实务》是为了提高会计实践性教学、增强学生动手能力，结合企业经济业务特点，根据最新企业会计准则和我国税制改革设计的具有专业性、实践性、可操作性的模拟实训课程。通过本课程实务操作，学生初步掌握建账、原始凭证和记账凭证的填制与审核、总账和明细账的登记、资产负债表和利润表的编制、办理纳税申报等基本技能，明确会计工作的规范要求，了解企业各项财务、会计制度，把所学的基本理论、基本原理与会计实务操作结合起来，以培养学生树立理论联系实际的良好学风，提高实践操作能力和独立工作能力。要求学生在规定的时间内完成实训任务，并写出实验报告。

3. 实训总学时数

24 学时。

【实务内容、基本要求及实务用品】

第一章　会计凭证实务

一、实务内容

1. 原始凭证的填制与审核
2. 记账凭证的填制与审核
3. 记账凭证的汇总与凭证的传递、保管和装订

二、基本要求

1.通过实务操作，使学生掌握原始凭证和记账凭证的基本内容、填制方法、审核要求。

2.掌握记账凭证的汇总方法，熟悉凭证的传递程序和保管、装订的基本常识。

3.加深对会计凭证的认识，提高判断凭证真实性、合法性、合理性的水平。

三、实务用品

该实训应配备增值税专用发票、现金支票、转账支票、收据等原始凭证（或教学票样）、记账凭证（收款凭证、付款凭证、转账凭证和通用记账凭证）及相关材料。

第二章　会计账簿实务

一、实务内容

1.建账与登记账簿的基本要求

2.日记账的登记

3.明细账的登记

4.错账的更正

5.总账的登记及对账与结账

二、基本要求

1.通过实务操作，使学生了解会计账簿体系，掌握日记账、明细账和总账的登记方法及账簿登记的基本要求。

2.掌握错账的更正方法，熟悉对账、结账知识。

3.提高学生的动手能力和解决实际问题的能力。

三、实务用品

该实训应配备总账、现金日记账、银行存款日记账、甲式明细账、乙式明细账、多栏式明细账、应交增值税明细账、固定资产明细账、红蓝口取纸、记账凭证（收款凭证、付款凭证、转账凭证和通用记账凭证）及相关材料。

第三章　会计报表实务

一、实务内容

1.资产负债表的编制

2.利润表的编制

二、基本要求

1.通过实务操作，使学生了解资产负债表、利润表的基本结构，掌握资产负债表、利润表的编制方法。

2.熟悉资产负债表和利润表之间的勾稽关系。

三、实务用品

该实训应配备资产负债表和利润表。

第四章　基础会计综合实务

一、实务内容

记账凭证汇总表核算程序在企业会计核算中的应用。

二、基本要求

1.该实务以山西安特风机制造有限公司为例，设计了从建账到日常会计核算、产品成本核算、利润及利润分配的核算、编制财务会计报表全过程的会计资料。通过这套综合实务操作，使学生系统地了解生产型企业会计核算的基本程序和具体方法。

2.掌握原始凭证和记账凭证的填制和审核、登记账簿、成本计算、利润的形成与分配、所得税的计算与缴纳以及会计报表的编制等全部会计工作的技能和方法，熟悉各环节的衔接。

3.使学生亲身体会作为一名会计人员的具体工作，从而对制造业全过程的会计核算有一个比较系统、完整的认识，为学生走向工作岗位奠定良好的基础。

三、实务用品

该实训应配备总账、现金日记账、银行存款日记账、甲式明细账、乙式明细账、多栏式明细账、应交增值税明细账、固定资产明细账、红蓝口取纸、通用记账凭证、记账凭证汇总表、资产负债表、利润表和会计凭证装订封皮、会计报表封皮、会计专用章、装订机等会计实务用品。

第五章　基础会计纳税申报实务

一、实务内容

1.增值税纳税申报
2.企业所得税纳税申报

二、基本要求

通过实务操作，使学生了解增值税和企业所得税纳税申报程序及报送的资料，掌握增值税申报的相关知识，加强对企业主要税种的认识，树立依法纳税意识。

三、实务用品

该实训应配备计算机及金税三期网上申报模拟系统。

第六章　公司相关财务、会计制度

一、实务内容

1.货币资金管理制度
2.存货管理制度
3.固定资产管理制度
4.销售收入管理制度
5.成本费用管理制度
6.财务报告与财务分析制度
7.会计档案管理制度

二、基本要求

合理、有效的企业财务、会计制度，可以加强企业会计监督，增强企业各方面、各利益主体的责任感。它关系到企业各项经济资源配置与运行的秩序性和高效性，所以制定完善的、严密的企业财务、会计制度是关系企业成败的重要措施。通过本章的学习，使学生了解公司财务、会计制度的具体内容，了解公司财务、会计制度的重要作用，增强对公司财务、会计制度的认识，为以后工作打好基础。

【学时分配】

实训内容	实训学时
第一章　会计凭证实务	4
第二章　会计账簿实务	6
第三章　会计报表实务	2
第四章　基础会计综合实务	10
第五章　基础会计纳税申报实务	1
第六章　公司相关财务、会计制度	1
合　计	24

模拟公司概况

本教材以山西安特风机制造有限公司为会计主体，以该公司 2017 年 8～10 月份发生的部分经济业务为实训资料，进行会计凭证的填制与审核、账簿的登记、对账与结账、资产负债表和利润表的编制等单项会计核算工作；以该公司 2017 年 12 月份发生的全部经济业务为实训资料，从开设账户、设置账簿、填制会计凭证、登记账簿、计算生产成本、结转财务成果、编制会计报表到办理纳税申报，进行全面的会计核算工作。

【企业基本情况】

企业名称：山西安特风机制造有限公司

企业组织形式：有限责任公司

经营范围：鼓风机和通风机的生产和销售

注册资金：4 000 000 元

注册地址：太原市大兴路 21 号

法人代表：赵强

邮政编码：030011

联系电话：4023568

纳税人识别号：1401066123

纳税人类别：增值税一般纳税人

企业开户银行：中国建设银行太原市分行迎新支行

银行账号：1004560088

所属税务管理分局：国税(太原市迎新区国税局)、地税(太原市迎新区地税分局大兴税务所)

公司介绍：山西安特风机制造有限公司是一家中小型制造企业，由法人山西东泰煤矿有限公司和山西南方化工有限公司于 2010 年 8 月份在山西省工商管理局注册成立。山西东泰煤矿有限公司出资 3 000 000 元，占公司注册资金的 75%，山西南方化工有限公司出资 1 000 000 元，占公司注册资金的 25%。公司成立以来，经济效益良好。

公司主要生产用于煤矿、化工厂和家具厂等通风设备的风机系列产品，主要包括高压矿用鼓风机(型号 4-73NO8D)、离心通风机(型号 9-20NO5A)，产品性能优越，质量可靠，赢得客户一致好评。生产产品主要耗用钢板(规格：25mm)和铝镁合金(规格：A508)，生产工艺为多步骤生产,但管理上不要求分步骤提供产品成本信息。

公司内部机构设置:公司下设基本生产车间、办公室、财务部、销售部、供应部、后勤中心。

公司设总经理一名——赵强(董事长),副总经理两名——王建国(主管经营、财产物资)和黄雨(主管生产)。公司现有职工 90 名,其中办公室 3 人、财务部 4 人、供应部 5 人(经理:李明)、销售部 5 人(经理:常在)、生产车间 60 人(主任:赵运来)、后勤中心 10 人(经理:孙启明)。

会计核算组织:公司财务部一级核算(集中核算)。

财务部人员分工:财务部经理——刘生,会计——王红,出纳——张艳,稽核——赵玲。

其他人员分工:销售部开票人员——曹小阳,仓库保管员——夏烨,车间领料人员——肖云,车间统计人员——黄璐。

【会计核算办法及会计实务资料】

一、会计核算办法及有关规定

1.公司采用科目汇总表核算程序。

2.存货(材料、库存商品)采用永续盘存制,按实际成本核算,发出存货采用先进先出法计价。低值易耗品采用一次摊销法。

3.产品成本计算采用品种法。产品成本按直接材料、直接人工、制造费用设置成本项目。

4.制造费用按工资及福利费、物料消耗、维修费、水电费、折旧费、办公费、差旅费、电话费、其他费用设置明细账进行核算。月末制造费用按生产工时比例分配。

5.管理费用按工资及福利费、办公费、水电费、折旧费、业务招待费、电话费、其他费用设置明细账进行核算。

6.销售费用按工资及福利费、水电费、办公费、差旅费、电话费、广告宣传费、其他费用设置专栏进行明细核算。

7.坏账准备金按 5‰提取。

8.固定资产折旧计算方法采用平均年限法(具体使用年限见公司财务会计制度)。

9.管理人员采用计时工资,生产人员采用计件工资。

10.盈余公积按 10%提取。

11.职工社会保险费按工资总额 32%(医疗保险 8%,养老保险 20%,失业保险 2%,工伤保险 1%,生育保险 1%)提取,职工教育经费按 2.5%提取。

12.城市维护建设税和教育费附加分别按 7%、3%计算缴纳,所得税按 25%计算缴纳(按月预交,年末汇算清缴)。

13.短期借款利息按 6%计算,按季支付。

公司具体财务、会计制度见第六章。

二、山西安特风机制造有限公司 2017 年 12 月初的有关账簿资料

总账期初余额

单位:元

会计科目	借方余额	贷方余额
库存现金	20 200	
银行存款	1 034 560	
应收账款	900 000	
坏账准备		4 500
预付账款	248 000	
其他应收款	36 000	
原材料	741 800	
库存商品	640 000	
固定资产	6 409 000	
累计折旧		700 000
短期借款		1 500 000
应付账款		661 200
其他应付款		30 910
应付职工薪酬		658 650
应交税费		35 750
应付利息		15 000
实收资本		4 000 000
盈余公积		135 750
本年利润		726 000
利润分配		1 561 800
合　计	10 029 560	10 029 560

各明细账期初余额如下：

应收账款——太原晋汾煤业有限公司 244 800 元(借方)

——山西双洋化工有限公司 280 800 元(借方)

——山西晋科商贸有限公司 374 400 元(借方)

其他应收款——吴涛 3 500 元(借)

——李刚 32 500 元(借)

预付账款——长治钢铁有限公司 248 000 元(借)

库存商品——高压矿用鼓风机(4-73NO8D)20 台,单价 8 000 元,计 160 000 元

——离心通风机(9-20NO5A)80 台,单价 6 000 元,计 480 000 元

原材料——钢板(规格:25mm) 50 吨,单价 6 000 元,计 300 000 元

——铝镁合金(规格: A508)1 8000 千克,单价 24 元,计 432 000 元

——润滑油(规格:CL-4)20 桶,单价 490 元,计 9 800 元

固定资产——生产用房屋 2 300 000 元

——生产用机器设备 860 000 元

——管理用房屋 2 799 000 元

——管理用设备 450 000 元

应付职工薪酬——工资 472 150 元(贷方)

——社会保险费 151 100 元(贷方)

——职工教育经费 35 400 元(贷方)

应交税费——未交增值税 32 500 元(贷方)

——应交城市维护建设税 2 275 元(贷方)

——应交教育费附加 975 元(贷方)

应付账款——太原市钢材厂 421 200 元(贷方)

——上海宝华实业股份有限公司 240 000 元(贷方)

其他应付款——太原华美装饰公司 30 910 元(贷方)

实收资本——山西东泰煤矿有限公司 3 000 000 元

——山西南方化工有限公司 1 000 000 元

盈余公积——法定盈余公积 135 750 元

第一章　会计凭证实务

实务一　原始凭证的填制与审核

【实务操作目的】

通过实务操作，使学生掌握原始凭证的基本内容、填制方法和审核要求，熟悉会计凭证传递程序，为填制记账凭证奠定基础。

【实务操作步骤】

一、熟悉经济业务

熟悉经济业务的性质及有关规定，判断应选用原始凭证的种类、格式。

二、填制原始凭证

在熟悉经济业务的基础上，按照原始凭证填制要求，逐笔填制原始凭证。

三、审核原始凭证

填制原始凭证完成后，检查内容是否完整、计算是否准确、是否符合相关规定。从外部取得的原始凭证，也要熟悉经济业务的内容及有关制度、法规、预算等规定，从真实性、合法性、合理性三方面对原始凭证进行审核。

四、原始凭证审核后的处理

对于审核无误的原始凭证，及时办理会计核算；对于真实、合法、合理但不符合填制要求的

原始凭证,应予以退回,待更正后办理会计手续;对于不真实、不合法的原始凭证,应不予受理。

【原始凭证填制实务】

山西安特风机制造有限公司 2017 年 8 月份发生的有关经济业务如下:

1.8 月 5 日,供应部采购员李刚去上海采购材料,经批准填写"借款单"向财务部借现金 5 000 元,要求填写借款单,见附件 1—1。

2.8 月 7 日,销售给山西晋科商贸有限公司高压矿用鼓风机 6 台,单价 12 000 元,销售部业务员开出增值税专用发票,购货方以转账支票办理货款结算,财会人员收取转账支票后,填写进账单,一同送存银行,高压矿用鼓风机的成本为每台 8 000 元,要求填写增值税专用发票、进账单和商品出库单,见附件 1—2、附件 1—3、附件 1—4。

3.8 月 8 日,出纳张艳签发现金支票一张,金额 10 000 元,从银行提取现金备用。要求填写现金支票,见附件 1—5。

4.8 月 10 日,向太原市钢材厂购入钢板(规格:25mm)25 吨,单价 6 160 元,增值税专用发票注明买价 154 000 元,税金 26 180 元,材料验收入库,货款以银行存款支付,要求填写增值税专用发票、材料入库单及转账支票,见附件 1—6、附件 1—7、附件 1—8、附件 1—9。

5.8 月 14 日,采购员李刚从上海出差回来,报销差旅费 3 406 元,余款退回。其中,往返火车票 2 张,金额 956 元;住宿、市内交通包干费每天 300 元(8 月 6～12 日,共计 7 天),出差补助每天 50 元。要求填写差旅费报销单,见附件 1—10。

附件 1—1

借 款 单

借款日期　　年　月　日

单位或部门		借款人姓名		借款事由	
申请借款金额	金额(大写)　　　¥____				还款计划
批准金额	金额(大写)　　　¥____				
领导批示			借款人	(盖章)	

附件 1—2

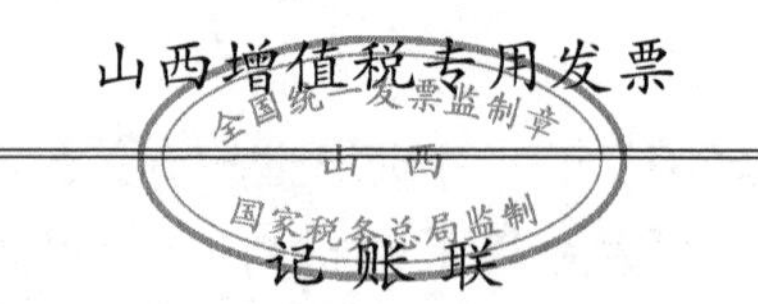

1400074140　　　　　　№ 00505016

开票日期：

购买方	名　　称：山西晋科商贸有限公司 纳税人识别号：1401057358 地 址 、电 话：向兰路78号　0351—2288060 开户行及账号：向兰信用社　855522800					密码区	略
货物或应税劳务、服务名称	规格型号	单位	数量	单价	金额	税率	税额
合计							
价税合计（大写）						（小写）	
销售方	名　　称： 纳税人识别号： 地 址 、电 话： 开户行及账号：					备注	

收款人　　　　复核　　　　开票人　　　　销售方（章）

第一联　记账联　销售方记账凭证

附件 1—3

中国建设银行　进账单（收账通知）　　**3**

年　月　日

出票人	全　称		收款人	全　称	
	账　号			账　号	
	开户银行			开户银行	
金额	人民币（大写）			亿 千 百 十 万 千 百 十 元 角 分	
票据种类		票据张数			
票据号码					
	复核　　记账			收款人开户银行盖章	

此联是收款人开户银行交给收款人的收账通知

进账单一式三联：第一联：开户银行交给持（出）票人的回单；第二联：由收款人开户银行作贷方凭证；第三联：收款人开户银行交给收款人的收款通知。

附件 1—4

出 库 单

№ 0392462

付给________　　　　年　月　日

品　名	规格	单位	数量	单价	金额							
					十	万	千	百	十	元	角	分
负责人 　　仓库负责人	出库经手人		开票	合计								

附件 1—5

中国建设银行 China Construction Bank　　**现金支票(晋)**　　$\frac{E\ K}{0\ 2}$03212508

出票日期(大写)　　年　　月　　日　　付款行名称：

收款人：　　出票人账号：

本支票付款期限十天

人民币（大写）	亿	千	百	十	万	千	百	十	元	角	分

用途______________

上列款项请从

我账户内支付

出票人签章　　复核　　记账

中国建设银行(晋)

现金支票存根

$\frac{E\ K}{0\ 2}$03212508

附加信息________________

出票日期：　年　　月　　日

收款人：
金　额：
用　途：

单位主管　　会计

石家庄石钞证券印制有限责任公司. 2017年印制

附件 1—6

山西增值税专用发票

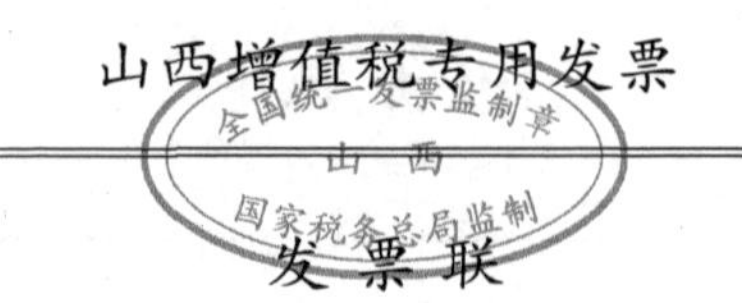

1400074140　　　　　　№ 00875216

发 票 联　　　　　　开票日期:

<table>
<tr><td>购买方</td><td colspan="5">名　　称:
纳税人识别号:
地 址 、电 话:
开户行及账号:</td><td>密码区</td><td colspan="2">略</td></tr>
<tr><td colspan="2">货物或应税劳务、服务名称

合 计</td><td>规格型号</td><td>单 位</td><td>数 量</td><td>单 价</td><td>金 额</td><td>税 率</td><td>税 额</td></tr>
<tr><td colspan="2">价税合计(大写)</td><td colspan="7">(小写)</td></tr>
<tr><td>销售方</td><td colspan="5">名　　称:太原市钢材厂
纳税人识别号:1401071122
地 址 、电 话:太原市迎泽街 215 号　0351—4023444
开户行及账号:中国银行太原市分行五一支行 212144085</td><td>备注</td><td colspan="2"></td></tr>
</table>

第三联 发票联 购买方记账凭证

收款人　　　　复核　　　　开票人　　　　销售方　(章)

附件 1—7

山西增值税专用发票

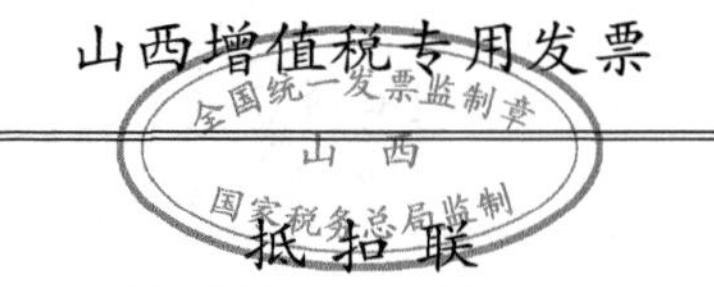

1400074140　　　　　　№ 00875216

抵 扣 联　　　　　　开票日期:

<table>
<tr><td>购买方</td><td colspan="5">名　　称:
纳税人识别号:
地 址 、电 话:
开户行及账号:</td><td>密码区</td><td colspan="2">略</td></tr>
<tr><td colspan="2">货物或应税劳务、服务名称

合 计</td><td>规格型号</td><td>单 位</td><td>数 量</td><td>单 价</td><td>金 额</td><td>税 率</td><td>税 额</td></tr>
<tr><td colspan="2">价税合计(大写)</td><td colspan="7">(小写)</td></tr>
<tr><td>销售方</td><td colspan="5">名　　称:太原市钢材厂
纳税人识别号:1401071122
地 址 、电 话:太原市迎泽街 215 号　0351—4023444
开户行及账号:中国银行太原市分行五一支行 212144085</td><td>备注</td><td colspan="2"></td></tr>
</table>

第二联 抵扣联 购买方扣税凭证

收款人　　　　复核　　　　开票人　　　　销售方　(章)

附件 1—8

入库凭单

顺序　　　　号

收方账户	付方账方

送货单位________　　　　年　月　日　第　号

品　名	规格	单位	原送数量	实收数量	单价	金　额							
						十	万	千	百	十	元	角	分
合　计													

第二联　会计存

保管员　　　　送货单位负责人　　　　送货人

附件 1—9

中国建设银行 China Construction Bank　**转账支票(晋)**　$\frac{E\ K}{0\ 2}$01269401

本支票付款期限十天

出票日期(大写)　　年　　月　　日　　付款行名称：

收款人：　　出票人账号：

人民币(大写)	亿	千	百	十	万	千	百	十	元	角	分

用途______________

上列款项请从

我账户内支付

105161001669

出票人签章　　　　复核　　　　记账

中国建设银行(晋)

转账支票存根

$\frac{E\ K}{0\ 2}$01269401

附加信息

出票日期：　　年　　月　　日

收款人：
金　额：
用　途：

单位主管　　　　会计

石家庄石钞证券印制有限责任公司.2017年印制

附件 1—10

差旅费报销单

填报日期　　年　月　日　　　　　　　　第　页　共　页

姓名		出差地点		出差事由		出差日期	自　年　月　日 至　年　月　日　共　天

出差起止日期	车船机票费				夜间乘车补助费			出差补助费			住宿费	其他费用		结算情况	
	火车	电(汽)车	飞机	轮船	车票金额	标准	补助金额	天数	标准	金额		项目	金额		
														原借	
														报销	
														退还	
小计														补领	
合计报销金额(大写)											¥				

附单据共　张

单位(部门)主管　　　　财务主管　　　　审核　　　　出差人

【原始凭证审核实务】

对山西安特风机制造有限公司 2017 年 8 月份有关业务的原始凭证进行审核,指出审核中发现的问题。

1.8 月 18 日,开出现金支票一张,从银行提取差旅费 15 000 元。该业务要求审核现金支票,见附件 1—11。

2.8 月 19 日,向太原市钢材厂购入钢板(规格:25mm)15 吨,单价 6 000 元,增值税专用发票注明买价 90 000 元,税金 15 300 元,货款签发转账支票支付。要求审核增值税专用发票、材料入库单及转账支票,见附件 1—12、附件 1—13、附件 1—14。

3.8 月 20 日,生产车间从仓库领用钢板(规格:25mm)1.5 吨,单价 6 000 元,计 9 000 元,领用铝镁合金(规格: A508)1 500 千克,单价 24 元,计 36 000 元。要求审核领料单,见附件 1—15。

附件 1—11

中国建设银行（晋）
现金支票存根
$\frac{\text{E K}}{\text{0 2}}$03212509

石家庄石钞证券印制有限责任公司．2017年印制

附加信息

出票日期：2017 年 08 月 18 日

收款人：山西安特风机制造有限公司
金　额：¥15 000.00
用　途：差旅费

单位主管：刘生　　会计：王红

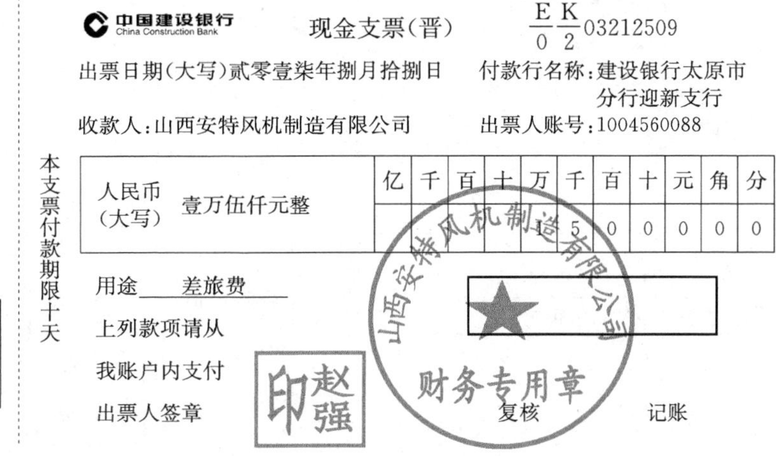

中国建设银行 China Construction Bank　　现金支票（晋）　　$\frac{\text{E K}}{\text{0 2}}$03212509

出票日期（大写）贰零壹柒年捌月拾捌日　　付款行名称：建设银行太原市分行迎新支行

收款人：山西安特风机制造有限公司　　出票人账号：1004560088

本支票付款期限十天

人民币（大写）	壹万伍仟元整	亿	千	百	十	万	千	百	十	元	角	分
					¥	1	5	0	0	0	0	0

用途　差旅费

上列款项请从

我账户内支付

出票人签章　　印 赵强　　山西安特风机制造有限公司 财务专用章　　复核　　记账

附件 1—12

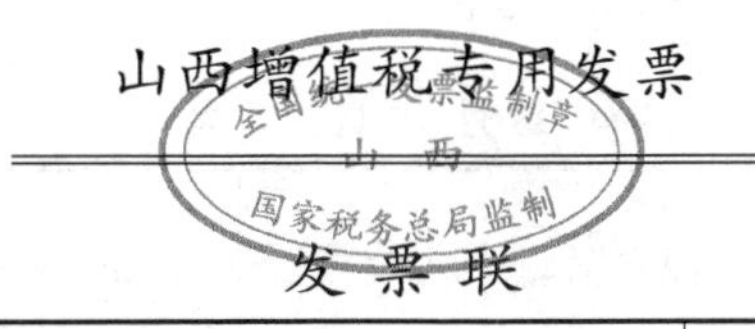

山西增值税专用发票

1400074140　　全国统一发票监制章 山西 国家税务总局监制　　№ 00875239

发票联

开票日期：2017 年 08 月 19 日

购买方	名　　称：山西安特风机制造有限公司 纳税人识别号：1401066123 地 址 、电 话：太原市大兴路 21 号 0351—4023568 开户行及账号：建设银行太原市分行迎新支行 1004560088	密码区	略

货物或应税劳务、服务名称	规格型号	单位	数量	单价	金额	税率	税额
钢板	25mm	吨	15	6 000.00	90 000.00	17%	15 300.00
合计					¥90 000.00		¥15 300.00
价税合计（大写）	壹拾万伍仟叁佰元整				（小写）¥105 300.00		

销售方	名　　称：太原市钢材厂 纳税人识别号：1401071122 地 址 、电 话：太原市迎泽街 215 号 0351—4023444 开户行及账号：中国银行太原市分行五一支行 212144085	备注	太原市钢材厂 1401071122 发票专用章

第三联　发票联　购买方记账凭证

收款人　安心　　复核　安心　　开票人　高翠连　　销售方　（章）

附件 1—13

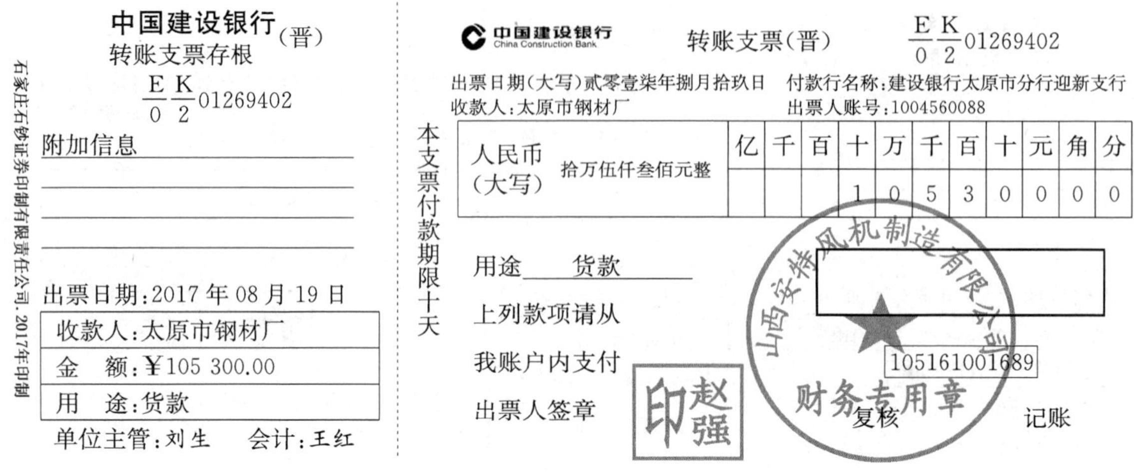

中国建设银行(晋)
转账支票存根
$\frac{E\ K}{0\ 2}$01269402
附加信息
出票日期:2017 年 08 月 19 日
收款人:太原市钢材厂
金　额:¥105 300.00
用　途:货款
单位主管:刘生　　会计:王红

石家庄石钞证券印制有限责任公司.2017年印制

本支票付款期限十天

中国建设银行 China Construction Bank　转账支票(晋)　$\frac{E\ K}{0\ 2}$01269402
出票日期(大写)贰零壹柒年捌月拾玖日　付款行名称:建设银行太原市分行迎新支行
收款人:太原市钢材厂　出票人账号:1004560088

人民币(大写)	拾万伍仟叁佰元整	亿	千	百	十	万	千	百	十	元	角	分
					1	0	5	3	0	0	0	0

用途　货款
上列款项请从
我账户内支付
出票人签章　印 赵强　山西安特风机制造有限公司 105161001689 财务专用章　复核　记账

附件 1—14

入库凭单

顺序　　号

收方账户	付方账方

送货单位:太原市钢材厂　　2017 年 08 月 19 日第　号

品　名	规格	单位	原送数量	实收数量	单价	金额 十	万	千	百	十	元	角	分
钢板	25mm	吨	15	15	6 000.00		9	0	0	0	0	0	0
合　计							9	0	0	0	0	0	0

第二联 会计存

保管员　夏烨　　送货单位负责人　王新一　　送货人　张英

附件 1—15

领　料　单

领料单位:基本生产车间　　2017 年 08 月 20 日　　第 1 号

编号	品名	规格	单位	请领数量	实发数量	单价	金额	备注
101	钢板	25mm	吨	1.5	1.5	6 000.00	9 000.00	
102	铝镁合金	A508	千克	1 500	1 500	24.00	36 000.00	
领料用途						合计	45 000.00	

第三联 会计凭证

供应部门负责人　　发料　　领料　肖云　　制单　肖云　　领料部门负责人

【实务操作指导】

一、填制原始凭证的基本要求

1.原始凭证的内容必须具备:凭证的名称;填制凭证的日期;填制凭证单位名称或者填制人姓名;经办人员的签名或者盖章;接受凭证单位名称;经济业务内容;数量、单价和金额。

2.从外单位取得的原始凭证,必须盖有填制单位的公章;从个人取得的原始凭证,必须有填制人员的签名或者盖章。自制原始凭证必须有经办单位领导人或者其指定的人员签名或者盖章。对外开出的原始凭证,必须加盖本单位公章。

3.凡填有大写和小写金额的原始凭证,大写与小写金额必须相符。购买实物的原始凭证,必须有验收证明。支付款项的原始凭证,必须有收款单位和收款人的收款证明。

4.一式几联的原始凭证,应当注明各联的用途,只能以一联作为报销凭证。一式几联的发票和收据,必须用双面复写纸(发票和收据本身具备复写纸功能的除外)套写,并连续编号。作废时应当加盖“作废”戳记,连同存根一起保存,不得撕毁。

5.发生销货退回的,除填制退货发票外,还必须有退货验收证明。退款时,必须取得对方的收款收据或者汇款银行的凭证,不得以退货发票代替收据。

6.职工公出借款凭据,必须附在记账凭证之后。收回借款时,应当另开收据或者退还借据副本,不得退还原借款收据。

7.经上级有关部门批准的经济业务,应当将批准文件作为原始凭证附件;如果批准文件需要单独归档的,应当在凭证上注明批准机关名称、日期和文件字号。

8.原始凭证不得涂改、挖补。发现原始凭证有错误的,应当由开出单位重开或者更正,更正处应当加盖开出单位的公章。

二、书写要求

1.阿拉伯数字应当一个一个地写,不得连笔写。阿拉伯金额数字前面应当书写货币币种符号或者货币名称简写和币种符号。币种符号与阿拉伯金额数字之间不得留有空白。凡阿拉伯数字前写有币种符号的,数字后面不再写货币单位。

2.所有以元为单位的阿拉伯数字,除表示单价等情况外,一律填写到角分;无角分的,角位和分位可写“00”,或者符号“—”;有角无分的,分位应当写“0”,不得用符号“—”代替。

3.汉字大写数字金额如零、壹、贰、叁、肆、伍、陆、柒、捌、玖、拾、佰、仟、万、亿等,一律用正楷或者行书体书写,不得用〇、一、二、三、四、五、六、七、八、九、十等简化字代替,不得任意自造简化字。大写金额数字到元或者角为止的,在“元”或者“角”字之后应当写“整”字或者“正”字;大写金额数字有分的,分字后面不写“整”或者“正”字。

4.大写金额数字前未印有货币名称的,应当加填货币名称,货币名称与金额数字之间不得留有空白。

5.阿拉伯金额数字中间有“0”时，汉字大写金额要写“零”字；阿拉伯数字金额中间连续有几个“0”时，汉字大写金额中可以只写一个“零”字；阿拉伯金额数字元位是“0”，或者数字中间连续有几个“0”、元位也是“0”但角位不是“0”时，汉字大写金额可以只写一个“零”字，也可以不写“零”字。

三、特殊原始凭证填写的要求

1.签发现金支票和转账支票时，所有项目都要填写，日期要大写，收付款人要写全称，印鉴要盖在指定的位置，所有项目都不能涂改。支票存根也要填写完整。

2.填写银行进账单时，收付款人要写全称，大小写金额要一致。

3.单位和个人在开具增值税发票时，必须做到按照号码顺序填开，填写项目齐全，内容真实，字迹清楚，全部联次一次打印，内容完全一致，专用发票发票联和抵扣联加盖发票专用章。开具普通发票时，应在购买方纳税人识别号栏填写购买方的纳税人识别号，任何单位和个人不得虚开发票，为他人、让他人或介绍他人开具与实际经营业务情况不符的发票。取得增值税发票的单位和个人可登录全国增值税发票查验平台（https://inv－veri.chinatax.gov.cn），对新系统开具的增值税专用发票、增值税普通发票、机动车销售统一发票和增值税电子普通发票的信息进行查验。

四、原始凭证审核要求

会计人员在审核原始凭证时应注意：原始凭证的项目填制是否齐全，审批人、经手人是否签字；数字计算是否准确，大小写金额是否一致；是否符合有关制度、法规、预算等规定；原始凭证是否真实、合法、合理，是否为有效凭证；项目是否涂改。

企业在接受增值税发票时，需注意以下事项：开票方与销货方是否一致；货物或劳务、服务名称是否按实际填写，与实际交易相符；字迹清楚，不得压线、错格；审核增值税发票是否填写本单位的纳税人识别号。企业在接收发票时，留意以上几点，就会避免接收有问题的增值税发票，降低企业的税收风险和经济损失。

实务二　记账凭证的填制与审核

【实务操作目的】

通过实务操作，使学生掌握记账凭证的种类、填制方法、审核要求，熟悉记账凭证传递程序。

【实务操作步骤】

1.审核原始凭证。

2.根据审核无误的原始凭证，分别填制“收款凭证”“付款凭证”“转账凭证” 或通用式记账凭证，并将原始凭证附于记账凭证之后。

3.审核所填制记账凭证的正确性，包括审核记账凭证内容的真实性、合法性以及填制手续的完备性、规范性。

【记账凭证填制实务】

山西安特风机制造有限公司 2017 年 9 月份发生的有关经济业务如下，要求填制记账凭证：

1.9 月 1 日，购买转账支票，见附件 1—16。

2.9 月 1 日，收回太原晋汾煤业有限公司欠款，见附件 1—17。

3.9 月 2 日，以银行存款上缴印花税，见附件 1—18。

4.9 月 3 日，签发现金支票一张，从银行提取现金备用，见附件 1—19。

5.9 月 3 日，公司供应部购买办公用品，经办人员前来报销，以现金支付，见附件1—20。

6.9 月 4 日，从上海宝华实业股份有限公司购入铝镁合金，货款当日由中国建设银行电汇给供货单位，见附件 1—21、附件 1—22、附件 1—23、附件 1—24。

7.9 月 4 日，职工吴涛归还借款，见附件 1—25。

8.9 月 5 日，收回山西晋科商贸有限公司前欠的销货款，见附件 1—26。

9.9 月 6 日，以现金支付车辆保险费，见附件 1—27、附件 1—28。

10.9 月 7 日，以银行存款预付长治钢铁有限公司材料款，见附件 1—29、附件 1—30、附件 1—31。

11.9 月 8 日，以银行存款发放职工工资，见附件 1—32、附件 1—33。

12.9 月 9 日，购入运输货车一辆，以存款支付，见附件 1—34、附件 1—35、附件 1—36、附件 1—37。

13.9 月 10 日，生产车间领用机物料，见附件 1—38。

14.9 月 10 日，生产领用钢板，见附件 1—39。

15.9 月 10 日，以银行存款支付本月会议费，见附件 1—40、附件 1—41、附件 1—42。

附件 1—16

中国建设银行 China Construction Bank

业务收费凭证

币别：人民币　　2017 年 09 月 01 日　　流水号：140816000320

付款人	山西安特风机制造有限公司		账号	1004560088	
项目名称	工本费	手续费	电子汇划费		金额
转账支票	5.00	25.00			30.00
金额（大写）人民币叁拾元整					RMB30.00
付款方式	转账				
业务类型：凭证出售　凭证种类：转账支票　出售起号：01269426　出售张数：25					

第二联　客户回单

中国建设银行股份有限公司 太原迎新支行 2017.09.01 办讫章

会计主管　　授权　　复核　孙向东　　录入　卫宇

附件 1—17

中国建设银行　进账单（收账通知）　3

2017 年 09 月 01 日

出票人	全　称	太原晋汾煤业有限公司	收款人	全　称	山西安特风机制造有限公司
	账　号	855522800		账　号	1004560088
	开户银行	商业银行河西路支行		开户银行	建设银行太原市分行迎新支行

金额	人民币（大写）	贰拾万元整	亿	千	百	十	万	千	百	十	元	角	分
					¥	2	0	0	0	0	0	0	0

票据种类	转支	票据张数	1	
票据号码				收款人开户银行盖章
复核　记账				

中国建设银行股份有限公司 太原迎新支行 2017.09.01 办讫章

此联是收款人开户银行交给收款人的收账通知

附件 1—18

中国建设银行单位客户专用回单

转账日期：2017 年 09 月 02 日　　凭证字号：201709020125

付款人全称及纳税人识别号：山西安特风机制造有限公司　1401066123

付款人全称：山西安特风机制造有限公司

付款人账户：1004560088　　征收机关名称(委托方)：山西省太原市国家税务局

付款人开户银行：中国建设银行太原市分行迎新支行　　收款国库(银行)名称：国家金库太原市迎新区支库

小写(合计)金额：¥1 707.00　　缴款书交易流水号：20170165422

大写(合计)金额：壹仟柒佰零柒元整　　税票号码：20170136549

税(费)种名称	所属日期	实缴金额
印花税	2017/08/01—2017/08/30	1 707.00

第一次打印　　打印日期 2017 年 09 月 02 日

（印章：中国建设银行 电子回单专用章）

附件 1—19

中国建设银行(晋)
现金支票存根

$\frac{E}{0}\frac{K}{2}$03212519

附加信息

出票日期：2017 年 09 月 03 日

收款人：山西安特风机制造有限公司
金　额：¥10 000.00
用　途：备用金

单位主管　刘生　　会计　王红

石家庄石钞证券印制有限责任公司.2017年印制

附件 1—20

山西增值税普通发票

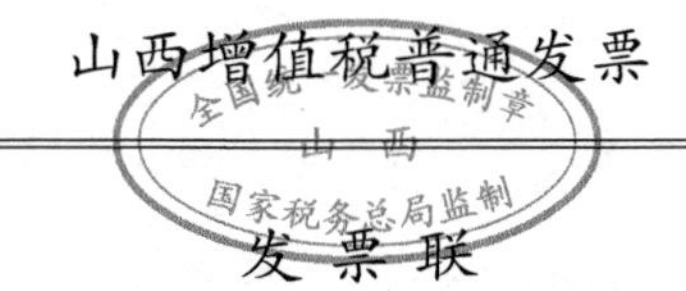

1400074140　　　　No 07097738

发票联

开票日期:2017 年 09 月 03 日

购买方	名　　称:山西安特风机制造有限公司 纳税人识别号:1401066123 地 址 、电 话:太原市大兴路 21 号 0351—4023568 开户行及账号:建设银行太原市分行迎新支行 1004560088				密码区	略（现金付讫）	
货物或应税劳务、服务名称	规格型号	单 位	数 量	单 价	金 额	税 率	税 额
档案盒		个	10	15.00	150.00	17%	25.50
合 计					¥150.00		¥25.50
价税合计(大写)	壹佰柒拾伍元伍角整				(小写)¥175.50		
销售方	名　　称:太原市迎泽区祥龙百货公司 纳税人识别号:1401057510 地 址 、电 话:太原市大兴街 50 号 0351—4264336 开户行及账号:工商银行大兴路支行 107856488				备注	太原市迎泽区祥龙百货公司 1401057510 发票专用章	

收款人　王石　　　复核　李毅　　　开票人　王石　　　销售方　(章)

第二联　发票联　购买方记账凭证

附件 1—21

上海增值税专用发票

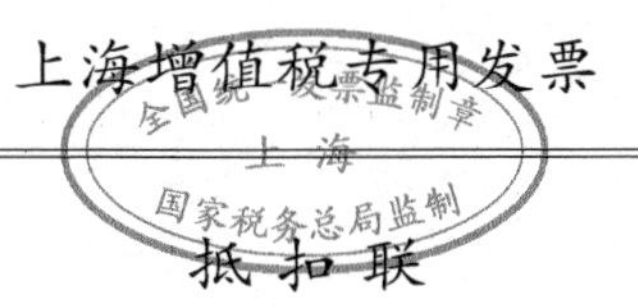

2002356003　　　　No 00505016

抵扣联

开票日期:2017 年 09 月 04 日

购买方	名　　称:山西安特风机制造有限公司 纳税人识别号:1401066123 地 址 、电 话:太原市大兴路 21 号 0351—4023568 开户行及账号:建设银行太原市分行迎新支行 1004560088				密码区	略	
货物或应税劳务、服务名称	规格型号	单 位	数 量	单 价	金 额	税 率	税 额
铝镁合金	A508	千克	4 500	24.00	108 000.00	17%	18 360.00
合 计					¥108 000.00		¥18 360.00
价税合计(大写)	壹拾贰万陆仟叁佰陆拾元整				(小写)¥126 360.00		
销售方	名　　称:上海宝华实业股份有限公司 纳税人识别号:2005600101 地 址 、电 话:淮海路 288 号 021—44466698 开户行及账号:中国银行淮海路支行 245678900				备注	上海宝华实业股份有限公司 2005600101 发票专用章	

收款人　鲁海　　　复核　鲁海　　　开票人　杨金　　　销售方　(章)

第二联　抵扣联　购买方扣税凭证

附件 1—22

上海增值税专用发票

200356003

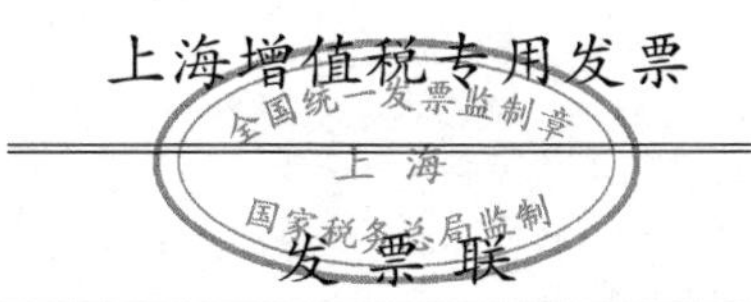

发票联

№ 02235600

开票日期:2017 年 09 月 04 日

购买方	名　　称:山西安特风机制造有限公司 纳税人识别号:1401066123 地 址 、电 话:太原市大兴路 21 号 0351—4023568 开户行及账号:建设银行太原市分行迎新支行 1004560088				密码区	略	
货物或应税劳务、服务名称	规格型号	单位	数量	单价	金 额	税 率	税 额
铝镁合金	A508	千克	4 500	24.00	108 000.00	17%	18 360.00
合 计					¥108 000.00		¥18 360.00
价税合计(大写)	壹拾贰万陆仟叁佰陆拾元整				(小写)¥126 360.00		
销售方	名　　称:上海宝华实业股份有限公司 纳税人识别号:2005600101 地 址 、电 话:淮海路 288 号 021—44466698 开户行及账号:中国银行淮海路支行 245678900				备注	上海宝华实业股份有限公司 2005600101 发票专用章	

第三联 发票联 购买方记账凭证

收款人 鲁海　　复核 鲁海　　开票人 杨金　　销售方 (章)

附件 1—23

中国建设银行 China Construction Bank

电 汇 凭 证

币别:人民币　　2017 年 09 月 04 日　　流水号:

汇款方式	☑普通 □加急				
汇款人	全　称	山西安特风机制造有限公司	收款人	全　称	上海宝华实业股份有限公司
	账　号	1004560088		账　号	245678900
	开户银行	建设银行太原市分行迎新支行		开户银行	中国银行淮海路支行
金额	人民币(大写)	壹拾贰万陆仟叁佰陆拾元整			亿 千 百 十 万 千 百 十 元 角 分 ¥ 1 2 6 3 6 0 0 0
			支付密码		
			附加信息及用途:材料款		
			中国建设银行股份有限公司 太原迎新支行 2017.09.04 办讫章		客户签章

第二联 客户回单

会计主管　　授权　　复核 孙向东　　录入 卫宇

附件 1—24

中国建设银行 China Construction Bank

业务收费凭证

币别：人民币　　2017 年 09 月 04 日　　流水号：140816000456

付款人：山西安特风机制造有限公司			账号：1004560088		
项目名称	工本费	手续费	电子汇划费		金额
	0.00	0.50	10.00		10.50
金额（大写）人民币壹拾元伍角整					RMB10.50
付款方式	转账				
业务类型：电汇					

第二联 客户回单

中国建设银行股份有限公司 太原迎新支行 2017.09.04 办讫章

会计主管　　授权　　复核　孙向东　　录入　卫宇

附件 1—25

收 款 收 据

№ 7526442

2017 年 09 月 04 日

今收到　吴涛

摘　由　归还借款

人民币　⊗佰⊗拾⊗万贰仟零佰零拾零元零角零分（¥2 000.00）

此　据

单位盖章：现金收讫　　经手人盖章：吴涛

山西安特风机制造有限公司 财务专用章

负责人　　会计　　出纳　张艳　　记账

附件 1—26

中国建设银行　进账单(收账通知)　3

2017 年 09 月 05 日

出票人	全　称	山西晋科商贸有限公司	收款人	全　称	山西安特风机制造有限公司
	账　号	72003321		账　号	1004560088
	开户银行	向兰信用社		开户银行	建设银行太原市分行迎新支行

金额	人民币(大写)	贰拾肆万元整	亿	千	百	十	万	千	百	十	元	角	分
					¥	2	4	0	0	0	0	0	0

票据种类	转支	票据张数	1	
票据号码				
复核　　记账				收款人开户银行盖章

中国建设银行股份有限公司 太原迎新支行 2017.09.05 办讫章

此联是收款人开户银行交给收款人的收账通知

附件 1—27

山西增值税专用发票

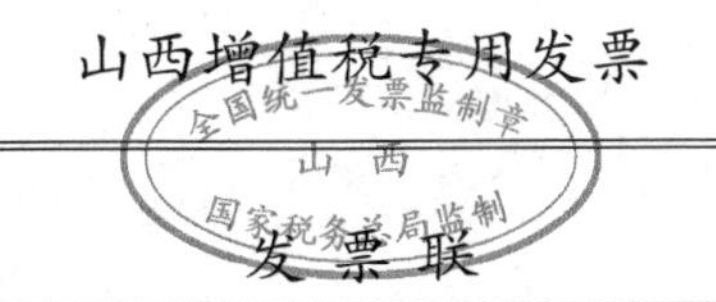

1400074140　　　　No 01842665

发票联

开票日期:2017 年 09 月 06 日

购买方	名　　称:山西安特风机制造有限公司 纳税人识别号:1401066123 地 址 、电 话:太原市大兴路 21 号 0351—4023568 开户行及账号:建设银行太原市分行迎新支行 1004560088	密码区	略 现金付讫

货物或应税劳务、服务名称	规格型号	单位	数量	单价	金 额	税 率	税 额
财产保险服务					2 650.00	6%	159.00
合 计					¥2 650.00		¥159.00
价税合计(大写)	贰仟捌佰零玖元整				(小写)¥2 809.00		

销售方	名　　称:华安财产保险股份有限公司 纳税人识别号:401234896813 地 址 、电 话:太原市南环街 100 号 0351—8828224 开户行及账号:建设银行南环街分理处 1004189023	备注	保单 11802017 代收车船税 900.00 税款所属期 2017—01—2017.12 总金额 900.00

华安财产保险股份有限公司 401234896813 发票专用章

收款人　张红　　　复核　肖艳　　　开票人　张艳　　　销售方　(章)

第三联 发票联 购买方记账凭证

附件 1—28

山西增值税专用发票

1400074140　　　　抵扣联　　　　№ 01842665

开票日期:2017 年 09 月 06 日

购买方	名称:山西安特风机制造有限公司 纳税人识别号:1401066123 地址、电话:太原市大兴路 21 号 0351—4023568 开户行及账号:建设银行太原市分行迎新支行 1004560088					密码区	略 现金付讫	
货物或应税劳务、服务名称	规格型号	单位	数量	单价	金额	税率	税额	
财产保险服务					2 650.00	6%	159.00	
合计					¥2 650.00		¥159.00	
价税合计(大写)	贰仟捌佰零玖元整				(小写)¥2 809.00			
销售方	名称:华安财产保险股份有限公司 纳税人识别号:401234896813 地址、电话:太原市南环街 100 号 0351—8828224 开户行及账号:建设银行南环街分理处 1004189023					备注	保单 11802017 代收车船税 900.00 税款所属期 2017.01—2017.12 总金额 900.00。	

第二联 抵扣联 购买方扣税凭证

收款人 张红　　复核 肖艳　　开票人 张艳　　销售方(章)

附件 1—29

汇款通知单

№ 12

2017 年 09 月 07 日

收款单位	长治钢铁有限公司	住址	长治市五一路 2 号
开户银行	中国银行长治市分行建设支行	账号	21213502
计算根据			
汇出金额	贰拾肆万捌仟零佰零拾零元零角零分　¥248 000.00		
备　注	预付材料款		

经办单位(章)　　经办人 张艳　　签批人 赵强

附件 1—30

中国建设银行 China Construction Bank

业务收费凭证

币别：人民币　　　　2017 年 09 月 07 日　　　　流水号：140816000498

付款人：山西安特风机制造有限公司			账号：1004560088		
项目名称	工本费	手续费	电子汇划费		金额
	0.00	0.50	10.00		10.50
金额(大写)人民币壹拾元伍角整					RMB10.50
付款方式	转账				
业务类型：电汇					

第二联　客户回单

中国建设银行股份有限公司　太原迎新支行　2017.09.07　办讫章

会计主管　　　　授权　　　　复核　孙向东　　　　录入　卫宇

附件 1—31

电 汇 凭 证

币别：人民币　　　　2017 年 09 月 07 日　　　　流水号：140816000765

汇款方式		☑普通　　□加急			
汇款人	全称	山西安特风机制造有限公司	收款人	全称	长治钢铁有限公司
	账号	1004560088		账号	21213502
	开户银行	建设银行太原市分行迎新支行		开户银行	中国银行长治市分行建设支行

金额	人民币(大写)	贰拾肆万捌仟元整	亿	千	百	十	万	千	百	十	元	角	分
					¥	2	4	8	0	0	0	0	0

	支付密码
	附加信息及用途：材料款
	客户签章

第二联　客户回单

中国建设银行股份有限公司　太原迎新支行　2017.09.07　办讫章

会计主管　　　　授权　　　　复核　孙向东　　　　录入　卫宇

附件 1—32

山西安特风机制造有限公司工资发放表

2017 年 09 月 08 日 单位:元

车间、部门		基本工资	奖金	加班津贴	缺勤工资	应付工资	代扣款项（个人所得税）	实发工资
生产车间	高压矿用鼓风机生产工人	157 380	6 000	8 000	100	171 280	1 080	170 200
	江尚义	4 200	500	300		5 000	45	4 955
	刘云山	4 000	500	400		4 900	42	4 858
	郝 其	3 900	400	400		4 700	36	4 664
	……	……	……	……	……	……	……	……
	离心通风机生产工人	94 220	4 800	6 500	120	105 400	1 000	104 400
	李卫国	4 300	300	200		4 800	39	4 761
	王大山	4 200	100	300		4 600	33	4 567
	吴 伟	4 000	200			4 200	21	4 179
	……	……	……	……	……	……	……	……
	车间管理人员	35 600	1 200	500		37 300	800	36 500
	赵运来	7 500	300	200		8 000	345	7 655
	肖 云	4 000	100			4 100	18	4 082
	……	……	……	……	……	……	……	……
	小 计	287 200	12 000	15 000	220	313 980	2 880	311 100
行政管理部门	办公室	25 800	300	80		26 180	680	25 500
	赵 强	7 500				7 500	295	7 205
	……	……	……	……	……	……	……	……
	财务部	18 835	400			19 235	235	19 000
	刘 生	5 500	200			5 700	115	5 585
	王 红	5 000	200			5 200	65	5 135
	……	……	……	……	……	……	……	……
	供应部	20 255	500	240		20 995	165	20 830
	李 明	5 000	100			5 100	55	5 045
	裴 云	4 500	100	100		4 700	36	4 664
	……	……	……	……	……	……	……	……
	后勤中心	34 600	300	180	50	35 030	33	34 997
	孙启明	4 000	100			4 100	18	4 082
	张 山	3 900	100			4 000	15	3 985
	……	……	……	……	……	……	……	……
	小 计	99 490	1 500	500	50	101 440	1 113	100 327
销售部门	销售部	32 480	500			32 980	414	32 566
	常 在	6 000	200			6 200	165	6 035
	……	……	……	……	……	……	……	……
合计		419 170	14 000	15 500	270	448 400	4 407	443 993

主管 刘生　　审核 赵玲　　制表 王红　　审批 王建国

附件 1—33

石家庄石钞证券印制有限责任公司.2017年印制

中国建设银行(晋)
转账支票存根
$\frac{E}{0}\frac{K}{2}$01254576

附加信息______________________

出票日期:2017 年 09 月 08 日

收款人:山西安特风机制造有限公司
金　额:¥443 993.00
用　途:工资

单位主管　刘生　　会计　王红

附件 1—34

山西增值税专用发票

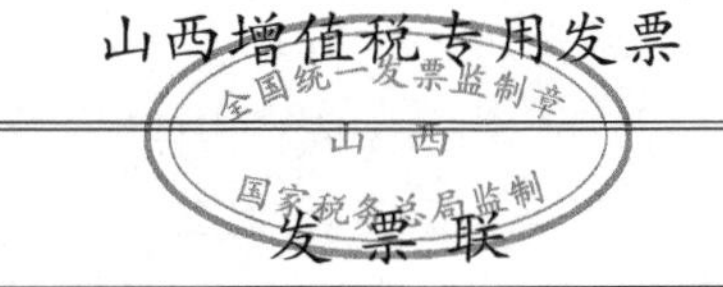

1400074140　　　　发票联　　　　№ 00823020

开票日期:2017 年 09 月 09 日

购买方	名　　称:山西安特风机制造有限公司 纳税人识别号:1401066123 地 址 、电 话:太原市大兴路 21 号 0351—4023568 开户行及账号:建设银行太原市分行迎新支行 1004560088	密码区	略

货物或应税劳务、服务名称	规格型号	单位	数量	单价	金 额	税 率	税 额
东风货车	141	台	1	154 000.00	154 000.00	17%	26 180.00
合 计					¥154 000.00		¥26 180.00
价税合计(大写)	壹拾捌万零壹佰捌拾元整				(小写)¥180 180.00		

销售方	名　　称:太原大昌汽车销售公司 纳税人识别号:1400130025 地 址 、电 话:太原市太榆路 111 号 0351—7688626 开户行及账号:工商银行并南支行 332258601	备注	太原大昌汽车销售公司 1400130025 发票专用章

收款人　杨讯　　复核　杨讯　　开票人　司马建　　销售方　(章)

第三联　发票联　购买方记账凭证

附件 1—35

山西增值税专用发票

1400074140　　　　№ 00823020

抵扣联　　　　开票日期：2017 年 09 月 09 日

购买方	名　　称：山西安特风机制造有限公司 纳税人识别号：1401066123 地 址 、电 话：太原市大兴路 21 号 0351—4023568 开户行及账号：建设银行太原市分行迎新支行 1004560088				密码区	略		
货物或应税劳务、服务名称		规格型号	单位	数量	单价	金额	税率	税额
东风货车		141	台	1	154 000.00	154 000.00	17%	26 180.00
合计						￥154 000.00		￥26 180.00
价税合计（大写）	壹拾捌万零壹佰捌拾元整				（小写）￥180 180.00			
销售方	名　　称：太原大昌汽车销售公司 纳税人识别号：1400130025 地 址 、电 话：太原市太榆路 111 号 0351—7688626 开户行及账号：工商银行并南支行 332258601				备注	太原大昌汽车销售公司 1400130025 发票专用章		

收款人　杨讯　　　　复核　杨讯　　　　开票人　司马建　　　　销售方　（章）

第二联　抵扣联　购买方扣税凭证

附件 1—36

中国建设银行（晋）

转账支票存根

$\frac{E}{0}\frac{K}{2}$01254577

附加信息

出票日期：2017 年 09 月 09 日

收款人：太原大昌汽车销售公司
金　额：￥180 180.00
用　途：购货车

单位主管　刘生　　会计　王红

石家庄石钞证券印制有限责任公司．2017年印制

附件 1—37

固定资产验收单

2017 年 09 月 09 日　　　　编号:036

名 称	规格型号	来 源		数量	购(造)价	使用年限	预计残值
货车	141	外购		1	154 000.00	10	640.00
安装费	月折旧率	建造单位		交工日期		附　件	
验收部门	后勤中心	验收人员	孙启明	管理部门	后勤中心	管理人员	孙启明
备 注							

附件 1—38

领 料 单

领料单位 基本生产车间　　　　2017 年 09 月 10 日　　　　第 1 号

编 号	品 名	规 格	单 位	请领数量	实发数量	单 价	金 额	备 注
103	润滑油	CL-4	桶	2	2	490.00	980.00	
领料用途	机物料					合计	980.00	

第三联　会计凭证

供应部门负责人　李明　　发料　夏烨　　领料　肖云　　制单　肖云　　领料部门负责人　赵运来

附件 1—39

领 料 单

领料单位 基本生产车间　　　　2017 年 09 月 10 日　　　　第 2 号

编 号	品 名	规 格	单 位	请领数量	实发数量	单 价	金 额	备 注
101	钢板	25mm	吨	7.5	7.5	6 000.00	45 000.00	
领料用途	高压矿用鼓风机生产					合计	45 000.00	

第三联　会计凭证

供应部门负责人　李明　　发料　夏烨　　领料　肖云　　制单　肖云　　领料部门负责人　赵运来

附件 1—40

中国建设银行（晋）

转账支票存根

$\frac{E}{0}\frac{K}{2}$01254578

石家庄石钞证券印制有限责任公司.2017年印制

附加信息

出票日期：2017 年 09 月 10 日

收款人：太原业诚商务有限公司
金　额：¥1 500.00
用　途：会议费

单位主管　刘生　　会计　王红

附件 1—41

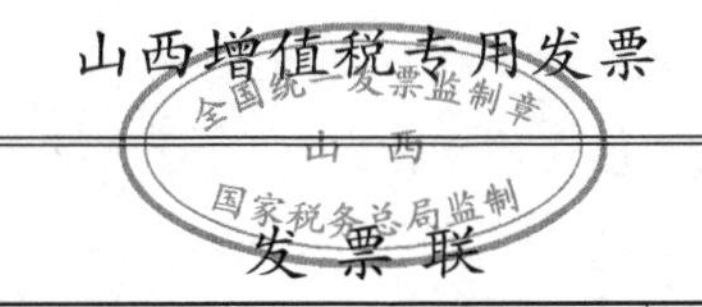

山西增值税专用发票

1400074140　　　　№ 01933465

发票联

开票日期：2017 年 09 月 10 日

购买方	名　　称：山西安特风机制造有限公司 纳税人识别号：1401066123 地 址 、电 话：太原市大兴路 21 号 0351—4023568 开户行及账号：建设银行太原市分行迎新支行 1004560088	密码区	略

货物或应税劳务、服务名称	规格型号	单位	数量	单价	金额	税率	税额
会议费					1 415.09	6%	84.91
合 计					¥1 415.09		¥84.91
价税合计（大写）	壹仟伍佰元整				（小写）¥1 500.00		

销售方	名　　称：太原业诚商务有限公司 纳税人识别号：1400133456 地 址 、电 话：太原市长风街 105 号 0351—3393006 开户行及账号：交通银行长风街支行 1046625411	备注	太原业诚商务有限公司 1400133456 发票专用章

收款人　王强　　　复核　王行　　　开票人　李华　　　销售方（章）

第三联　发票联　购买方记账凭证

附件 1—42

山西增值税专用发票

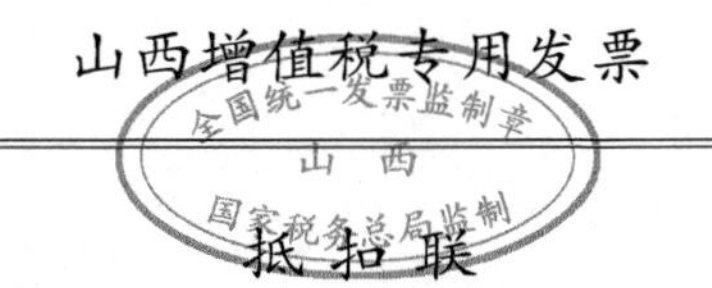

1400074140　　　　　　　　No 01933465

抵扣联

开票日期:2017 年 09 月 10 日

<table>
<tr><td rowspan="4">购买方</td><td colspan="5">名　　　称:山西安特风机制造有限公司</td><td rowspan="4">密码区</td><td colspan="2" rowspan="4">略</td></tr>
<tr><td colspan="5">纳税人识别号:1401066123</td></tr>
<tr><td colspan="5">地 址 、电 话:太原市大兴路 21 号 0351—4023568</td></tr>
<tr><td colspan="5">开户行及账号:建设银行太原市分行迎新支行 1004560088</td></tr>
<tr><td colspan="2">货物或应税劳务、服务名称</td><td>规格型号</td><td>单位</td><td>数量</td><td>单价</td><td>金 额</td><td>税 率</td><td>税 额</td></tr>
<tr><td colspan="2">会议费</td><td></td><td></td><td></td><td></td><td>1 415.09</td><td>6%</td><td>84.91</td></tr>
<tr><td colspan="2">合 计</td><td></td><td></td><td></td><td></td><td>¥1 415.09</td><td></td><td>¥84.91</td></tr>
<tr><td colspan="2">价税合计(大写)</td><td colspan="4">壹仟伍佰元整</td><td colspan="3">(小写)¥1 500.00</td></tr>
<tr><td rowspan="4">销售方</td><td colspan="5">名　　　称:太原业诚商务有限公司</td><td rowspan="4">备注</td><td colspan="2" rowspan="4">太原业诚商务有限公司
1400133456
发票专用章</td></tr>
<tr><td colspan="5">纳税人识别号:1400133456</td></tr>
<tr><td colspan="5">地 址 、电 话:太原市长风街 105 号 0351—3393006</td></tr>
<tr><td colspan="5">开户行及账号:交通银行长风街支行 1046625411</td></tr>
</table>

第二联　抵扣联　购买方扣税凭证

收款人　王强　　　　复核　王行　　　　开票人　李华　　　　销售方　(章)

【记账凭证审核实务】

对山西安特风机制造有限公司2017年9月1～10日发生的有关经济业务的记账凭证进行全面审核，指出审核中发现的问题。学生可4人一组，每一成员分配固定角色(如会计主管、复核、制单、出纳)，在分工明确、相互牵制的基础上共同完成实务操作。

【实务操作指导】

一、正确选用记账凭证

本实务可使用专用记账凭证或通用记账凭证，一旦选用不得随意更改。使用专用记账凭证时，根据经济业务是否涉及现金和银行存款来确定是填制收、付款凭证还是填制转账凭证。凡是涉及现金和银行存款的业务，需填制收、付款凭证；不涉及现金和银行存款的业务，需填制转账凭证。发生现金和银行存款之间相互划转的业务，一律填制付款凭证。

二、填制记账凭证的基本要求

1.填制记账凭证，字迹必须清晰、工整，符合书写规范。

2.记账凭证的内容必须具备：填制凭证的日期；凭证编号；经济业务摘要；会计科目；金额；所附原始凭证张数；填制凭证人员、稽核人员、记账人员、会计机构负责人、会计主管人员签名或者盖章。收款和付款记账凭证还应当由出纳人员签名或者盖章。

3.会计科目应保持清晰、正确的对应关系，会计科目要写全称，不能简化，子目、细目要准确。填制转账凭证时，为了便于以后编制汇总转账凭证，所有转账凭证中科目的对应关系应是一借一贷、多借一贷。

4.填制记账凭证时，应当对记账凭证进行连续编号。一笔经济业务需要填制两张以上记账凭证的，可以采用分数编号法编号。

5.记账凭证可以根据每一张原始凭证填制，或者根据若干张同类原始凭证汇总填制，也可以根据原始凭证汇总表填制。但不得将不同内容和类别的原始凭证汇总填制在一张记账凭证上。

6.记账凭证必须附有原始凭证。除结账和更正错误的记账凭证可以不附原始凭证外，其他记账凭证必须附有原始凭证。如果一张原始凭证涉及几张记账凭证，可以把原始凭证附在一张主要的记账凭证后面，并在其他记账凭证上注明附有该原始凭证的记账凭证的编号。一张原始凭证所列支出需要几个单位共同负担的，应当将其他单位负担的部分开给对方原始凭证分割单，进行结算。原始凭证分割单必须具备原始凭证的基本内容：凭证名称、填制凭证日期、填制凭证单位名称或者填制人姓名、经办人的签名或者盖章、接受凭证单位名称、经济业务内容、数量、单价、金额和费用分摊情况等。记账凭证所附单据张数一栏要用大写数字填列。

7.如果在填制记账凭证时发生错误，应当重新填制。

已经登记入账的记账凭证，在当年内发现会计科目填写错误时，可以用红字填写一张与原内容相同的记账凭证，在摘要栏注明“注销某月某日某号凭证”字样，同时再用蓝字重新填制一张正确的记账凭证，注明“改正某月某日某号凭证”字样。如果会计科目没有错误，只是金额错误，也可以将正确数字与错误数字之间的差额另填一张调整记账凭证，调增金额用蓝字，调减金额用红字。发现以前年度记账凭证有错误的，应当用蓝字填制一张更正的记账凭证。

8.记账凭证填制完经济业务事项后，如有空行，应当自金额栏最后一笔金额数字下的空行处至合计数上的空行处划线注销。

三、记账凭证的审核要求

1.记账凭证是否附有原始凭证；所附原始凭证张数与记账凭证上所填写的是否一致；记账凭证所记录的内容是否与原始凭证的经济业务内容相同；记账凭证所记金额是否与原始凭证金额一致。

2.审核记账凭证中会计科目和记账方向是否正确，对应关系是否正确，借贷方金额是否相等。

3.审核记账凭证的有关项目是否填列齐全，有关人员是否签章。

四、会计实务用品

该实务应配备收款凭证、付款凭证、转账凭证或通用记账凭证。

实务三　记账凭证的汇总与凭证的传递、保管和装订

【实务操作目的】

掌握记账凭证的汇总方法，熟悉会计凭证的传递程序和保管、装订的基本常识。

【实务操作步骤】

1.审核原始凭证和记账凭证，确认原始凭证和记账凭证准确无误。

2.按所涉及的会计科目汇总，分别编制汇总收款凭证、汇总付款凭证和汇总转账凭证或记账凭证汇总表。

3.将本月记账后的会计凭证按规定要求装订成册。

【记账凭证的汇总实务】

根据山西安特风机制造有限公司 2017 年 9 月 1～10 日有关经济业务填制的准确无误的记账凭证编制汇总收款凭证、汇总付款凭证、汇总转账凭证或记账凭证汇总表。

【会计凭证的装订实务】

以山西安特风机制造有限公司 2017 年 9 月 1～10 日有关经济业务填制的记账凭证及所附的原始凭证、编制的汇总收款凭证、汇总付款凭证、汇总转账凭证或记账凭证汇总表作为资料，练习会计凭证的装订。

【实务操作指导】

一、正确编制汇总记账凭证

汇总记账凭证包括汇总收款凭证、汇总付款凭证和汇总转账凭证三种。汇总时间根据企业的业务量确定，如企业业务量较少，则每月汇总一次。汇总收款凭证按照现金、银行存款科目设置，以借方为主，按照各科目借方所对应的贷方科目汇总列示；汇总付款凭证按照现金、银行存款设置，以贷方为主，按照各科目贷方所对应的借方科目汇总列示；汇总转账凭证以贷方为主，按照各科目贷方所对应的借方科目汇总列示。

二、正确编制记账凭证汇总表

记账凭证汇总表按所涉及的会计科目汇总，编制出的科目汇总表应是全部总账科目的借方发生额合计数与贷方发生额合计数相等。

三、会计凭证的传递、保管要求

1.会计凭证的传递程序应当科学、合理，及时传递，不得积压。

2.会计凭证登记完毕后，应当按照分类和编号顺序保管，不得散乱丢失。

3.记账凭证应当连同所附的原始凭证或者原始凭证汇总表，按照编号顺序，折叠整齐，按期装订成册，并加具封面，注明单位名称、年度、月份和起讫日期、凭证种类、起讫号码，由装订人在装订线封签外签名或者盖章。

对于数量过多的原始凭证，可以单独装订保管，在封面上注明记账凭证日期、编号、种类，同时在记账凭证上注明“附件另订”和原始凭证名称及编号。

各种经济合同、存出保证金收据以及涉外文件等重要原始凭证，应当另编目录，单独登记保管，并在有关的记账凭证和原始凭证上相互注明日期和编号。

4.原始凭证不得外借，其他单位如因特殊原因需要使用原始凭证时，经本单位会计机构负责人、会计主管人员批准，可以复制。向外单位提供的原始凭证复制件，应当在专设的登记簿上登记，并由提供人员和收取人员共同签名或者盖章。

5.从外单位取得的原始凭证如有遗失，应当取得原开出单位盖有公章的证明，并注明原来凭证的号码、金额和内容等，由经办单位会计机构负责人、会计主管人员和单位领导人批准后，才能代作原始凭证。如果确实无法取得证明的，如火车、轮船、飞机票等凭证，由当事人写出详细情况，由经办单位会计机构负责人、会计主管人员和单位领导人批准后，代作原始凭证。

四、会计凭证装订要求

对已登完账的会计凭证，应定期装订成册。装订时，按照记账凭证收款凭证、付款凭证、转账凭证或不分类综合编号进行排列，连同记账凭证所附原始凭证一并装订成册，加盖装订封面和封底，并在全部被装订凭证左边封上包封纸后装订。装订后，由装订人员注明一定时期内共装订几本，此本是第几本，并标明凭证起止号数、起止日期、装订日期、装订人员姓名，加盖单位公章。最后编号归档保管。

对需要经常查阅的原始凭证，如工资单、奖金表、车辆维修单等，可以单独保存，装订成册；对数量过多的原始凭证，如领料单、发货票等，也可以归类汇总后单独装订成册，并予以注明。

五、会计实务用品

该实务应配备汇总收款凭证、汇总付款凭证、汇总转账凭证或记账凭证汇总表、会计凭证装订封皮。

第二章 会计账簿实务

实务一 建账与登记账簿的基本要求

【实务操作目的】

通过实务操作，使学生了解会计账簿体系，掌握账簿登记的基本要求。

【实务操作步骤】

1.准备各类会计账簿（总账，现金、银行存款日记账，甲式明细账，乙式明细账，多栏式明细账等）。

2.根据企业生产特点、规模大小、业务量多少、提供信息的需要确定所要设置的会计科目。

3.将各总账的科目名称登记在三栏式总账账页中，并标在口取纸上，按序贴在每一账页边上，然后将各总账的期初余额过入总账中。

4.将现金、银行存款科目的期初余额登记在现金、银行存款日记账中。

5.将有关明细账的科目名称和期初余额登记在三栏式、数量金额式、多栏式账页中。

【建账实务】

根据山西安特风机制造有限公司 2017 年 12 月初的有关资料（模拟公司概况）进行建账工作。

【实务操作指导】

一、了解账簿体系和格式

1.按照国家统一会计制度的规定和会计业务的需要设置会计账簿。会计账簿包括总账、明细账、日记账和其他辅助性账簿。

2.总账的格式为订本三栏式账页。日记账的格式也为订本三栏式账页，是由出纳人员根据审核无误的收、付款凭证，按照经济业务发生的顺序，逐日逐笔登记账簿，每日终了结出余额。明细账的格式可分为三栏式、数量金额式和多栏式等，一般采用活页式账簿。

二、会计账簿的启用

1.根据印花税有关规定，账簿需按年缴纳印花税，所有账簿按件贴花五元。由会计人员自行贴花，加盖印鉴或划线注销。

2.启用账簿时，应当在账簿封面上写明单位名称和账簿名称。填写账簿启用表，内容包括：启用日期、账簿页数、记账人员和会计机构负责人、会计主管人员姓名，并加盖名章和单位公章。记账人员或者会计机构负责人、会计主管人员调动工作时，应当注明交接日期、接办人员或者监交人员姓名，并由交接双方人员签名或者盖章。

启用订本式账簿，应当从第一页到最后一页顺序编定页数，不得跳页、缺号。使用活页式账页，应当按账户顺序编号，并需定期装订成册。装订后再按实际使用的账页顺序编定页码。另加目录，记明每个账户的名称和页次。

三、登记账簿的基本要求

1.会计人员应当根据审核无误的会计凭证登记会计账簿。

2.登记会计账簿时，应当将会计凭证日期、编号、业务内容摘要、金额和其他有关资料逐项记入账内；做到数字准确，摘要清楚，登记及时，字迹工整。

3.登记完毕后，要在记账凭证上签名或者盖章，并注明过账"√"符号，表示已经记账。

4.账簿中书写的文字和数字上面要留有适当空格，不要写满格，一般应占格距的1/2。

5.登记账簿要用蓝黑墨水或者碳素墨水书写，不得使用圆珠笔（银行的复写账簿除外）或者铅笔书写。

6.下列情况，可以用红色墨水记账：

（1）按照红字冲账的记账凭证，冲销错误记录；

（2）在不设借贷等栏的多栏式账页中，登记减少数；

（3）在三栏式账户的余额栏前，如未印明余额方向的，在余额栏内登记负数余额。

7.各种账簿按页次顺序连续登记，不得跳行、隔页。如果发生跳行、隔页，应当将空行、空页划线注销，或者注明"此行空白""此页空白"字样，并由记账人员签名或者盖章。

8.凡需要结出余额的账户，结出余额后，应当在"借或贷"等栏内写明"借"或者"贷"字样。没有余额的账户，应当在"借或贷"等栏内写"平"字，并在余额栏内用"0"表示。现金日记账和银行存款日记账必须逐日结出余额。

9.每一账页登记完毕结转下页时，应当结出本页合计数及余额，写在本页最后一行和下页第一行有关栏内，并在摘要栏内注明"过次页"和"承前页"字样；也可以将本页合计数及余额写在下页第一行有关栏内，并在摘要栏内注明"承前页"字样。

对需要结计本月发生额的账户，结计“过次页”的本页合计数应当为自本月初起至本页末止的发生额合计数；对需要结计本年累计发生额的账户，结计“过次页”的本页合计数应当为自年初起至本页末止的累计数；对既不需要结计本月发生额也不需要结计本年累计发生额的账户，可以只将每页末的余额结转次页。

四、会计实务用品

该实务应配备总账、现金日记账、银行存款日记账、甲式明细账、乙式明细账、多栏式明细账、应交增值税明细账、固定资产明细账、红蓝口取纸等。

实务二　日记账的登记

【实务操作目的】

掌握库存现金日记账、银行存款日记账的登记方法及要求。

【实务操作步骤】

1.建立库存现金日记账、银行存款日记账。

2.出纳人员根据有关收、付款凭证，逐日逐笔登记库存现金日记账和银行存款日记账，并结出余额。

3.收到银行对账单后，将银行存款日记账与银行对账单逐笔核对，检查记账是否有误，并找出未达账项。

4.编制银行存款余额调节表，确定该企业的银行存款实有余额。

【日记账登记实务】

山西安特风机制造有限公司 2017 年 9 月初银行存款日记账余额为 156 420 元，根据该公司 9 月份经济业务(第一章实务二)编制的记账凭证，登记银行存款日记账。登记完成后，将银行存款日记账与收、付款凭证逐笔核对，检查是否有记账错误。

【银行存款余额调节表编制实务】

山西安特风机制造有限公司 201×年 9 月份银行存款日记账账面记录和银行对账单分别见表 2—1、表 2—2。要求逐笔核对并编制银行存款余额调节表，见表 2—3。

表 2—1　　银行存款日记账　　单位:元

201×年		记账凭证	摘 要	结算凭证		对方科目	借方	贷方	√	余额
月	日			种类	号数					
9	1		承前页							534 540
9	8	银付 1	提取备用金	现支	418	库存现金		10 000		524 540
9	10	银付 2	上缴税费	税单		应交税费		20 000		504 540
9	10	银付 3	提取工资	现支	419	库存现金		180 180		324 360
9	18	银付 4	支付货款	电汇		应付账款		42 120		282 240
9	18	银付 5	提取差旅费	现支	420	库存现金		15 000		267 240
9	19	银付 6	购入材料	转支	232	原材料		105 300		161 940
9	20	银收 2	收回货款	进账单		应收账款	134 580			296 520
9	21	银付 7	支付押金	转支	233	其他应收款		3 500		293 020
9	21	银收 3	销售商品	收账通知		主营业务收入	70 200			363 220
9	21	银付 8	购入设备	电汇		固定资产		13 783		349 437
9	25	银收 4	预收货款	进账单		预收账款	20 000			369 437
9	25	银付 9	支付会议费	转支	234	管理费用		2 800		366 637
9	26	银付 10	购办公用品	转支	235	管理费用		1 200		365 437
9	26	银付 11	预付货款	转支	236	预付账款		30 000		335 437
9	28	银付 12	支付保险费	转支	237	待摊费用		24 000		311 437
9	28	现付 39	存入现金	缴款单		库存现金	62 500			373 937
9	30	银付 13	购入材料	转支		原材料		36 520		337 417
9	30	银付 14	购入材料	转支		原材料		13 422		323 995
9	30		本月合计				371 520	497 825		323 995

表 2—2　　银行对账单

账别:商业人民币　　存款类别:活期存款　　账户名称:山西安特风机制造有限公司

账号:1004560088　　开户行: 中国建设银行太原市分行迎新支行　　单位:元

201×年		交易流水号	结算凭证		摘要	借方	贷方	余额
月	日		种类	号数				
					承前页			534 540
9	8	略	现支	03212418	备用金	10 000		524 540
9	10		税单	2044800	税款	20 000		504 540
9	11		现支	03212419	工资奖金	180 180		324 360

续表

201×年		交易流水号	结算凭证		摘要	借方	贷方	余额
月	日		种类	号数				
9	18		电汇	82003579	货款	42 120		282 240
9	18		现支	03212420	差旅费	15 000		267 240
9	18		进账单	2200556	转账存入		134 580	401 820
9	20		转支	12691232	货款	105 300		296 520
9	21		电汇	82006320	转账存入		70 200	366 720
9	22		转支	12691233	其他	3 500		363 220
9	22		电汇	82013827	其他	13 783		349 437
9	22		其他		结息		501	349 938
9	24		进账单	2202344	转账存入		20 000	369 938
9	27		转支	12691234	其他	2 800		367 138
9	27		转支	12691235	其他	1 200		365 938
9	27		转支	12691236	货款	30 000		335 938
9	29		缴款单	4000556	现金存入		62 500	398 438
9	29		商业汇票	3007890	贷款	26 500		371 938
9	30		进账单	2202899	转账存入		95 000	466 938
9	30		进账单	2202911	转账存入		23 400	490 338
9	30		电汇	82017801	转账存入		11 700	502 038

表 2—3　　**银行存款余额调节表**

编制单位：　　年　　月　　日　　单位:元

项　目	金　额	项　目	金　额
银行对账单上的存款余额		企业账面上的存款余额	
加：		加：	
减：		减：	
调节后的存款余额		调节后的存款余额	

【实务操作指导】

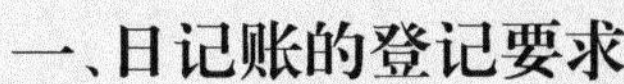

一、日记账的登记要求

1.登账前，审核收、付款凭证，明确账簿登记的基本要求，以确保账簿登记的准确性。

2.登记银行存款日记账时，除了年、月、日、摘要、凭证号码外，必须在特定栏目内注明原始凭证种类和号码，以满足与银行对账的要求。

3.库存现金日记账每日终了结出余额，与库存现金相互核对，银行存款日记账按日结出余额，定期与银行送来的对账单进行核对，做到日清月结。

二、银行存款余额调节表的编制要求

1.将银行存款日记账与银行对账单按结算凭证种类和号码一一进行核对，若两者余额不符，如没有记账错误，就应存在未达账项。

2.未达账项是在银行和企业之间，由于结算凭证在传递和办理转账手续时间上的不一致，造成一方已登记入账而另一方尚未登记入账的款项。具体有四种情况：

(1)企业已经收款入账，银行尚未收款入账的款项；

(2)企业已经付款入账，银行尚未付款入账的款项；

(3)银行已经收款入账，企业尚未收款入账的款项；

(4)银行已经付款入账，企业尚未付款入账的款项。

上述任何一种未达账项的存在，都会使企业银行日记账余额与银行转来的对账单的余额不符，这就需要编制银行存款余额调节表。在编制调节表时，首先应确定哪些是未达账项，然后将银行存款日记账与银行对账单的月末余额及未达账项填入银行存款余额调节表，最后计算出调节后的银行存款余额。

三、会计实务用品

该实务应配备银行存款日记账。

实务三　明细账的登记

【实务操作目的】

熟悉各种明细分类账的格式及所反映的经济内容，掌握各种明细分类账的登记方法。

【实务操作步骤】

1.建立明细账。

2.根据有关原始凭证填制记账凭证并审核。

3.根据审核无误后的原始凭证、记账凭证逐笔登记明细账。

4.月末结出每个明细账户的余额，与总账、实物或有关方面核对。

【材料明细账登记实务】

山西安特风机制造有限公司存货(材料、库存商品)采用永续盘存制,按实际成本核算,发出存货采用先进先出法计价。材料按品种设置明细账。

2017 年 10 月初原材料明细账户期初余额见表 2—4。

表 2—4 **原材料明细账户期初余额表**

2017 年 10 月 01 日 金额:元

品　名	计量单位	规　格	数　量	单　价	金　额
钢板	吨	25mm	25	6 000	150 000
铝镁合金	千克	A508	4 500	24	108 000
合　计					258 000

2017 年 10 月份原材料收发的原始凭证如下:

1.10 月 6 日,生产高压矿用鼓风机领用钢板、铝镁合金,见附件 2—1。

2.10 月 7 日,生产离心通风机领用钢板、铝镁合金,见附件 2—2。

3.10 月 10 日,购入钢板入库,见附件 2—3、附件 2—4、附件 2—5、附件 2—6、附件 2—7。

4.10 月 15 日,购入钢板、铝镁合金入库,见附件 2—8、附件 2—9、附件 2—10、附件 2—11。

5.10 月 18 日,生产高压矿用鼓风机领用钢板,见附件 2—12。

6.10 月 19 日,生产离心通风机领用铝镁合金,见附件 2—13。

要求:设立钢板、铝镁合金材料明细账;根据以上业务编制记账凭证;登记材料明细账。

提示:该实务完成后,学生可按同一资料,再采用加权平均法进行会计处理,然后比较结果,看看有什么不同。

附件 2—1

领　料　单

领料单位 基本生产车间　　　　2017 年 10 月 06 日　　　　第 1 号

编号	品名	规格	单位	请领数量	实发数量	单价	金额	备注
101	钢板	25mm	吨	15	15	6 000.00	90 000.00	
102	铝镁合金	A508	千克	3 000	3 000	24.00	72 000.00	
领料用途	高压矿用鼓风机生产					合计	162 000.00	

第三联　会计凭证

供应部门负责人　李明　　发料　夏烨　　领料　肖云　　制单　肖云　　领料部门负责人　赵运来

附件 2—2

领　料　单

领料单位 基本生产车间　　　　2017 年 10 月 07 日　　　　第 2 号

编号	品名	规格	单位	请领数量	实发数量	单价	金额	备注
101	钢板	25mm	吨	10	10	6 000.00	60 000.00	
102	铝镁合金	A508	千克	1 500	1 500	24.00	36 000.00	
领料用途	离心通风机生产					合计	96 000.00	

第三联　会计凭证

供应部门负责人　李明　　发料　夏烨　　领料　肖云　　制单　肖云　　领料部门负责人　赵运来

附件 2—3

辽宁增值税专用发票

1024980040　　　　No 60540320

发票联

开票日期:2017 年 10 月 10 日

<table>
<tr><td rowspan="4">购买方</td><td colspan="6">名　　称:山西安特风机制造有限公司
纳税人识别号:1401066123
地 址 、电 话:太原市大兴路 21 号 0351—4023568
开户行及账号:建设银行太原市分行迎新支行 1004560088</td><td>密码区</td><td>略</td></tr>
<tr><td colspan="2">货物或应税劳务、服务名称</td><td>规格型号</td><td>单位</td><td>数量</td><td>单价</td><td>金额</td><td>税率</td><td>税额</td></tr>
<tr><td colspan="2">钢板</td><td>25mm</td><td>吨</td><td>50</td><td>6 100.00</td><td>305 000.00</td><td>17%</td><td>51 850.00</td></tr>
<tr><td colspan="2">合 计</td><td></td><td></td><td></td><td></td><td>¥305 000.00</td><td></td><td>¥51 850.00</td></tr>
<tr><td colspan="2">价税合计(大写)</td><td colspan="7">叁拾伍万陆仟捌佰伍拾元整　　　　(小写)¥356 850.00</td></tr>
<tr><td>销售方</td><td colspan="6">名　　称:沈阳鞍钢贸易公司
纳税人识别号:1025500663
地 址 、电 话:沈阳市红旗路 51 号 024—3372510
开户行及账号:工商银行沈阳市分行红旗支行 0040025678</td><td>备注</td><td>沈阳鞍钢贸易公司 1025500663 发票专用章</td></tr>
</table>

收款人　张前　　复核　张前　　开票人　周建华　　销售方　(章)

第三联　发票联　购买方记账凭证

附件 2—4

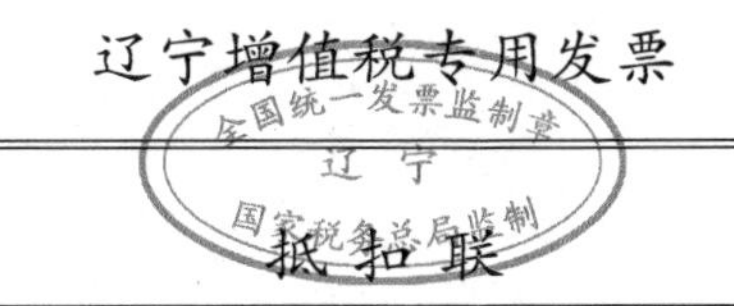

辽宁增值税专用发票

1024980040　　　　No 60540320

抵扣联

开票日期:2017 年 10 月 10 日

<table>
<tr><td rowspan="4">购买方</td><td colspan="6">名　　称:山西安特风机制造有限公司
纳税人识别号:1401066123
地 址 、电 话:太原市大兴路 21 号 0351—4023568
开户行及账号:建设银行太原市分行迎新支行 1004560088</td><td>密码区</td><td>略</td></tr>
<tr><td colspan="2">货物或应税劳务、服务名称</td><td>规格型号</td><td>单位</td><td>数量</td><td>单价</td><td>金额</td><td>税率</td><td>税额</td></tr>
<tr><td colspan="2">钢板</td><td>25mm</td><td>吨</td><td>50</td><td>6 100.00</td><td>305 000.00</td><td>17%</td><td>51 850.00</td></tr>
<tr><td colspan="2">合 计</td><td></td><td></td><td></td><td></td><td>¥305 000.00</td><td></td><td>¥51 850.00</td></tr>
<tr><td colspan="2">价税合计(大写)</td><td colspan="7">叁拾伍万陆仟捌佰伍拾元整　　　　(小写)¥356 850.00</td></tr>
<tr><td>销售方</td><td colspan="6">名　　称:沈阳鞍钢贸易公司
纳税人识别号:1025500663
地 址 、电 话:沈阳市红旗路 51 号 024—3372510
开户行及账号:工商银行沈阳市分行红旗支行 0040025678</td><td>备注</td><td>沈阳鞍钢贸易公司 1025500663 发票专用章</td></tr>
</table>

收款人　张前　　复核　张前　　开票人　周建华　　销售方　(章)

第二联　抵扣联　购买方扣税凭证

附件 2—5

入库凭单

顺序　　　　　号

收方账户	付方账户

送货单位 沈阳鞍钢公司　　2017 年 10 月 10 日　第 1 号

品　名	规格	单位	原送数量	实收数量	单价	金额								
						百	十	万	千	百	十	元	角	分
钢板	25mm	吨	50	50	6 100.00		3	0	5	0	0	0	0	0
合　计						¥	3	0	5	0	0	0	0	0

第二联　会计存

保管员　夏烨　　　送货单位负责人　　　送货人

附件 2—6

中国建设银行 China Construction Bank

电 汇 凭 证

币别：人民币　　2017 年 10 月 10 日　　流水号：

汇款方式	☑普通　□加急			
汇款人	全　称	山西安特风机制造有限公司	收款人	全　称	沈阳鞍钢贸易公司
	账　号	1004560088		账　号	0040025678
	开户银行	建设银行太原市分行迎新支行		开户银行	中国工商银行沈阳市分行红旗支行

金额	人民币（大写）	亿	千	百	十	万	千	百	十	元	角	分
	叁拾伍万陆仟捌佰伍拾元整			¥	3	5	6	8	5	0	0	0

支付密码

附加信息及用途：材料款

中国建设银行股份有限公司 太原迎新支行 2017.10.10 办讫章

客户签章

第二联　客户回单

会计主管　　授权　　复核　孙向东　　录入　卫宇

附件 2—7

中国建设银行 China Construction Bank

业务收费凭证

币别:人民币　　2017 年 10 月 10 日　　流水号:140816000720

付款人　山西安特风机制造有限公司			账号　1004560088		
项目名称	工本费	手续费	电子汇划费		金额
	0.00	0.50	10.00		10.50
金额(大写)人民币壹拾元伍角整					RMB10.50
付款方式	转账				
业务类型:电汇					

会计主管　　授权　　复核　孙向东　　录入　卫宇

第二联　客户回单

中国建设银行股份有限公司 太原迎新支行 2017.10.10 办讫章

附件 2—8

山西增值税专用发票

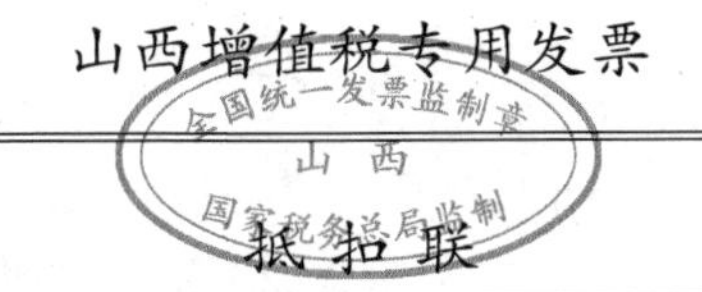

1400074140　　№ 08855062

抵扣联

开票日期:2017 年 10 月 15 日

购买方	名　　称:山西安特风机制造有限公司 纳税人识别号:1401066123 地址、电话:太原市大兴路 21 号 0351—4023568 开户行及账号:建设银行太原市分行迎新支行 1004560088					密码区	略
货物或应税劳务、服务名称	规格型号	单位	数量	单价	金额	税率	税额
钢板	25mm	吨	25	6 200.00	155 000.00	17%	26 350.00
铝镁合金	A508	千克	7 400	25.00	185 000.00	17%	31 450.00
合　计					¥340 000.00		¥57 800.00
价税合计(大写)	叁拾玖万柒仟捌佰元整				(小写)¥397 800.00		
销售方	名　　称:太原昌盛钢材经销公司 纳税人识别号:1407246300 地址、电话:太原市北营路 48 号 0351—7246220 开户行及账号:中国工商银行太原分行北营支行 33226702					备注	太原昌盛钢材经销公司 1407246300 发票专用章

收款人　吴浩　　复核　吴浩　　开票人　李丽　　销售方　(章)

第二联　抵扣联　购买方扣税凭证

附件 2—9

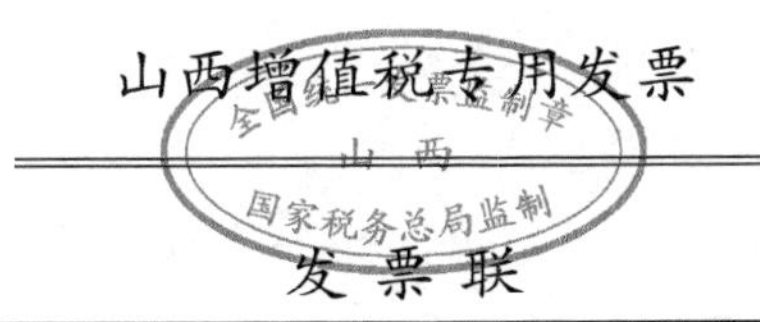

山西增值税专用发票

1400074140　　　　　　　　　　　　　　　　№ 08855062

发票联　　　　　　　　　　　　　　　开票日期:2017 年 10 月 15 日

购买方	名　　称:山西安特风机制造有限公司 纳税人识别号:1401066123 地 址 、电 话:太原市大兴路 21 号 0351—4023568 开户行及账号:建设银行太原市分行迎新支行 1004560088					密码区	略
货物或应税劳务、服务名称	规格型号	单位	数量	单价	金 额	税 率	税 额
钢板	25mm	吨	25	6 200.00	155 000.00	17%	26 350.00
铝镁合金	A508	千克	7 400	25.00	185 000.00	17%	31 450.00
合　计					¥340 000.00		¥57 800.00
价税合计(大写)	叁拾玖万柒仟捌佰元整				(小写)¥397 800.00		
销售方	名　　称:太原昌盛钢材经销公司 纳税人识别号:1407246300 地 址 、电 话:太原市北营路 48 号 0351—7246220 开户行及账号:中国工商银行太原分行北营支行 33226702					备注	

收款人　吴浩　　　复核　吴浩　　　开票人　李丽　　　销售方　(章)

第三联　发票联　购买方记账凭证

附件 2—10

入库凭单

顺序　　　　号

收方账户	付方账户

送货单位 太原昌盛钢材经销公司　　2017 年 10 月 15 日　第 2 号

品　名	规格	单位	原送数量	实收数量	单价	金额 百	十	万	千	百	十	元	角	分
钢板	25mm	吨	25	25	6 200.00		1	5	5	0	0	0	0	0
铝镁合金	A508	千克	7 400	7 400	25.00		1	8	5	0	0	0	0	0
合　计						¥	3	4	0	0	0	0	0	0

第二联　会计存

保管员　夏烨　　　　送货单位负责人　　　　送货人　杨进

附件 2—11

中国建设银行（晋）
转账支票存根

$\frac{E}{0}\frac{K}{2}$01254580

石家庄石钞证券印制有限责任公司. 2017年印制

附加信息＿＿＿＿＿＿＿＿

出票日期：2017 年 10 月 15 日

收款人：太原昌盛钢材经销公司
金　额：￥397 800.00
用　途：货款

单位主管　刘生　　会计　王红

附件 2—12

领 料 单

领料单位 基本生产车间　　　　2017 年 10 月 18 日　　　　第 3 号

编 号	品 名	规 格	单 位	请领数量	实发数量	单 价	金 额	备 注
101	钢板	25mm	吨	50	50	6 100.00	305 000.00	
领料用途	高压矿用鼓风机生产					合计	305 000.00	

第三联　会计凭证

供应部门负责人　李明　　发料　夏烨　　领料　肖云　　制单　肖云　　领料部门负责人　赵运来

附件 2—13

领 料 单

领料单位 基本生产车间　　　　2017 年 10 月 19 日　　　　第 4 号

编 号	品 名	规 格	单 位	请领数量	实发数量	单 价	金 额	备 注
102	铝镁合金	A508	千克	4 440	4 440	25.00	111 000.00	
领料用途	离心通风机生产					合计	111 000.00	

第三联　会计凭证

供应部门负责人　李明　　发料　夏烨　　领料　肖云　　制单　肖云　　领料部门负责人　赵运来

【实务操作指导】

一、了解明细账的格式

明细账主要有三种格式：登记往来款项、投资权益等业务的三栏式（甲式）账簿；登记材料、库存商品等实物业务的数量金额式（乙式）账簿；登记收入、费用成本等业务的多栏式账簿。

二、明确明细账的登记要求

存货明细账根据审核无误后的原始凭证和记账凭证据以登记；往来明细账根据审核无误后的应收、应付款增减业务的记账凭证据以登记。登记时，应在账簿中记录日期、凭证编号等，以便进行账证核对。

存货明细账在登记时，还要考虑企业采用的存货发出计价方法，先进先出法、加权平均法、个别计价法在设置明细账户、登记明细账户时是有所不同的。指导老师应进行说明。

三、会计实务用品

该实务应配备记账凭证（收款凭证、付款凭证、转账凭证或通用记账凭证）、三栏式（甲式）账页、数量金额式（乙式）账页、多栏式账页。

在操作过程中，学生可两人一组，相互交换审核记账凭证。

实务四　错账的更正

【实务操作目的】

通过实务操作，使学生掌握查找和更正错账的基本方法。

【实务操作步骤】

1.月末，审核原始凭证、记账凭证，并进行账证核对，检查账簿记录是否正确。

2.运用各种方法查找错账。

3.采用正确的方法更正账簿中的错误。

【更正错账实务】

山西安特风机制造有限公司 2017 年 10 月份“制造费用”“应付职工薪酬”“原材料”明细账及“库存现金”“银行存款”日记账的登记情况见表 2—5、表 2—6、表 2—7、表 2—8、表 2—9。10 月份有 4 笔经济业务的原始凭证和记账凭证填制情况如下，对每笔业务进行审核，如有错误，请进行更正。

1.10 月 20 日，车间购买饮水机，签发转账支票支付，见附件 2—14、附件 2—15、附件 2—16。

2.10 月 25 日，以存款支付车间图书资料费，见附件 2—17、附件 2—18、附件 2—19。

3.10 月 28 日，车间职工报销体检费，以现金支付，见附件 2—20、附件 2—21。

4.10 月 30 日，车间领用一般消耗材料，见附件 2—22、附件 2—23。

表 2—5 **制造费用明细分类账**

车间名称：基本生产车间 单位：元

2017 年		凭证号码	摘 要	材料费	工资及福利费	水电费	折旧费	其他	合计
月	日								
10	10	8	车间购办公用品					102	102
10	20	14	车间购饮水机					798	798
10	22	26	支付车间电话费					282	282
10	23	29	车间购机油	1 300					1 300
10	24	30	购机物料	560					560
10	25	34	支付图书资料费					420	420
10	25	37	支付车间办公费					180	180
10	28	68	职工报销体检费					260	260
10	31	88	分配工资		20 000				20 000
10	31	89	计提福利费		2 800				2 800
10	31	92	分配电费			2 580			2 580
10	31	94	计提折旧费				11 000		11 000
10	31	95	分配水费			1 560			1 560

表 2—6 **应付职工薪酬明细分类账**

子目 职工福利 单位：元

2017 年		记账凭证	摘要	借方	贷方	√	借或贷	余额
月	日							
10	30		承前页				贷	6 520
10	30	71	车间领用润滑油	4 900			贷	1 620
10	31	89	计提福利费		28 000		贷	29 620

表 2—7　　**原材料明细分类账**

品名:润滑油　　规格:CL-4　　单位:元

2017年		记账凭证	摘要	借方			贷方			余额		
月	日			数量	单价	金额	数量	单价	金额	数量	单价	金额
10	30		承前页							100	490	49 000
10	30	71	车间领用				10	490	4 900	90	490	44 100

表 2—8　　**库存现金日记账**　　单位:元

2017年		记账凭证	摘要	现金支票号码	对方科目	借方	贷方	√	余额
月	日								
10	8		承前页						1 258
10	8	5	收回欠款		其他应收款	500			1 758
10	10	8	车间购办公用品		制造费用		102		1 656
10	18	12	提取备用金	158	银行存款	10 000			11 656
10	20	15	支付运费		管理费用		1 420		10 236
10	20	22	支付办公楼维修费		管理费用		3 120		7 116
10	22	26	支付车间电话费		制造费用		282		6 834
10	25	37	支付车间办公费		制造费用		180		6 654
10	27	51	车间报销资料费		制造费用		58		5 596
10	28	68	职工报销体检费		制造费用		260		6 336
10	30	69	支付办公室电话费		管理费用		568		5 826

表 2—9 　　　　　　　　**银行存款日记账** 　　　　　　　　单位:元

2017 年		记账凭证	摘 要	结算凭证		对方科目	借方	贷方	√	余额
月	日			种类	号数					
10	17		承前页							860 800
10	17	10	销售商品	进账单		主营业务收入	11 700			872 500
10	18	12	提取备用金	现支	158	库存现金		10 000		862 500
10	20	13	购入材料	转支	526	原材料		351 000		511 500
10	20	14	车间购饮水机	转支	527	制造费用		798		510 702
10	23	29	车间购机油	转支	528	制造费用		1 300		509 402
10	24	30	购机物料	转支	529	制造费用		560		508 842
10	25	34	支付图书资料费	转支	530	制造费用		420		508 422
10	25	38	支付会议费	转支	531	管理费用		3 000		505 422
10	26	42	购办公用品	转支	532	管理费用		2 600		502 822
10	30	70	购入材料	转支	533	原材料		13 422		489 400

附件 2—14

记账凭证

2017 年 10 月 20 日

总字第______号
字 第 14 号

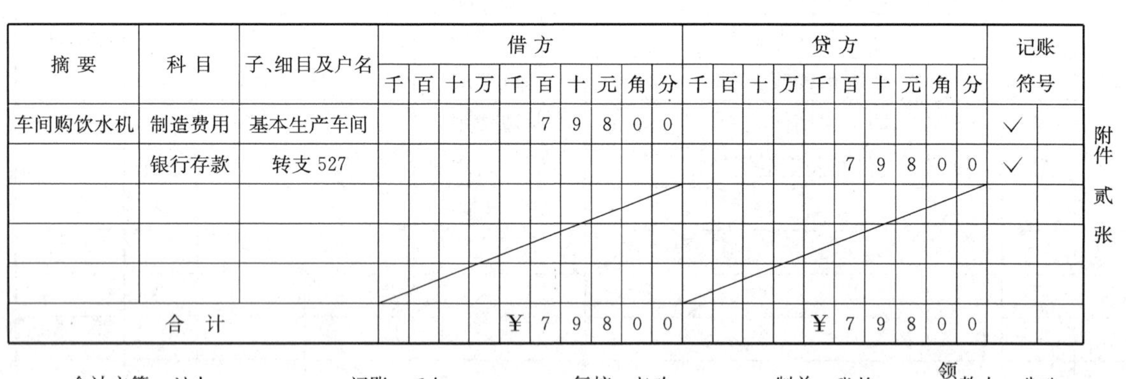

摘 要	科 目	子、细目及户名	借 方										贷 方										记账符号
			千	百	十	万	千	百	十	元	角	分	千	百	十	万	千	百	十	元	角	分	
车间购饮水机	制造费用	基本生产车间						7	9	8	0	0											✓
	银行存款	转支 527																7	9	8	0	0	✓
合 计							¥	7	9	8	0	0					¥	7	9	8	0	0	

附件贰张

会计主管 刘生 　记账 王红 　复核 赵玲 　制单 张艳 　领缴款人 黄璐

附件 2—15

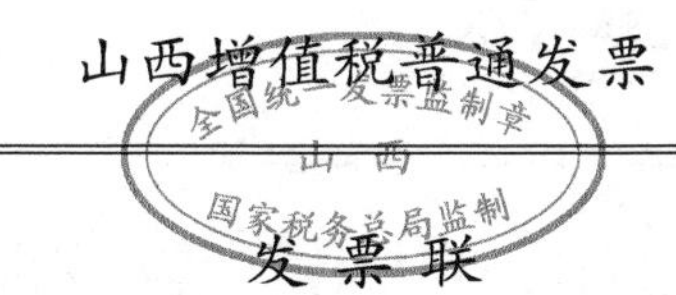

1400074140　　　　　　　　No 02465528

开票日期:2017 年 10 月 20 日

购买方	名　　称:山西安特风机制造有限公司 纳税人识别号:1401066123 地址、电话:太原市大兴路 21 号 0351—4023568 开户行及账号:建设银行太原市分行迎新支行 1004560088				密码区	略	
货物或应税劳务、服务名称	规格型号	单位	数量	单价	金额	税率	税额
美的饮水机	YD1215S-W	台	1	674.36	674.36	17%	114.64
合　计					¥674.36		¥114.64
价税合计(大写)	柒佰捌拾玖元整				(小写)¥789.00		
销售方	名　　称:山西国美电器有限公司 纳税人识别号:1401072520 地址、电话:太原市长风街 52 号 0351—4264556 开户行及账号:工商银行长风街支行 107856224				备注	山西国美电器有限公司 1401072520 发票专用章	

第二联　发票联　购买方记账凭证

收款人　王其　　复核　王其　　开票人　王其　　销售方　(章)

附件 2—16

中国建设银行(晋)

转账支票存根

$\frac{E}{0}\frac{K}{2}$01269527

石家庄石钞证券印制有限责任公司. 2017年印制

附加信息

出票日期:2017 年 10 月 20 日

收款人:山西国美电器有限公司
金　额:¥789.00
用　途:购饮水机

单位主管　刘生　　会计　王红

附件 2—17

记账凭证

2017 年 10 月 25 日

总字第______号
字　第__34__号

摘要	科目	子、细目及户名	借方										贷方										记账符号
			千	百	十	万	千	百	十	元	角	分	千	百	十	万	千	百	十	元	角	分	
支付车间技术资料费	制造费用	基本生产车间						4	2	0	0	0											✓
	银行存款	转支 530																4	2	0	0	0	✓
合计							¥	4	2	0	0	0					¥	4	2	0	0	0	

附件贰张

会计主管　刘生　　记账　王红　　复核　赵玲　　制单　张艳　　领缴款人　黄璐

附件 2—18

山西增值税普通发票

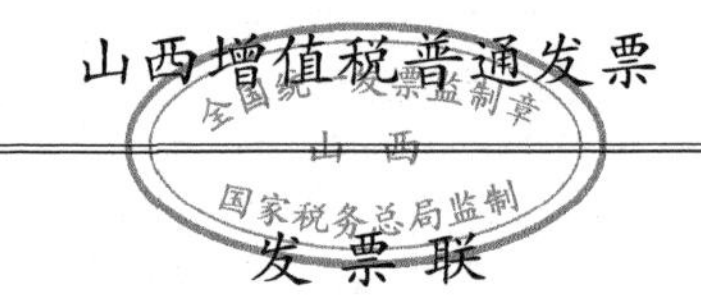

1400074140　　　　No 08855070

发票联

开票日期：2017 年 10 月 25 日

购买方	名　　　称：山西安特风机制造有限公司 纳税人识别号：1401066123 地 址 、电 话：太原市大兴路 21 号 0351—4023568 开户行及账号：建设银行太原市分行迎新支行 1004560088					密码区	略
货物或应税劳务、服务名称	**规格型号**	**单位**	**数量**	**单价**	**金额**	**税率**	**税额**
图书		套	1	3 783.78	3 783.78	11%	416.22
合　计					¥3 783.78		¥416.22
价税合计（大写）	肆仟贰佰元整				（小写）¥4 200.00		
销售方	名　　　称：山西机械工程图书出版有限公司 纳税人识别号：1405273149 地 址 、电 话：太原市小店区高新技术园区 48 号 0351—4036226 开户行及账号：晋商银行小店支行 25678204					备注	山西机械工程图书出版有限公司 1405273149 发票专用章

第二联　发票联　购买方记账凭证

收款人　李艳　　复核　王清　　开票人　李艳　　销售方　（章）

附件 2—19

中国建设银行(晋)
转账支票存根
$\frac{E}{0}\frac{K}{2}$01269530

附加信息

出票日期:2017 年 10 月 25 日

收款人:山西机械工程图书出版有限公司
金 额:¥4 200.00
用 途:图书资料

单位主管 刘生 会计 王红

石家庄石钞证券印制有限责任公司.2017年印制

附件 2—20

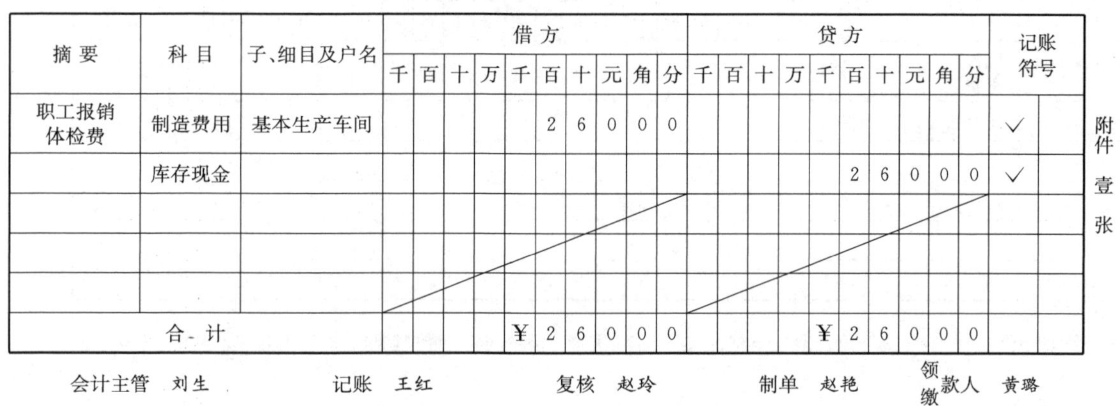

记账凭证
2017 年 10 月 28 日

总字第＿＿＿号
字 第 68 号

摘要	科目	子、细目及户名	借方 千	百	十	万	千	百	十	元	角	分	贷方 千	百	十	万	千	百	十	元	角	分	记账符号
职工报销体检费	制造费用	基本生产车间						2	6	0	0	0											✓
	库存现金																	2	6	0	0	0	✓
合计							¥	2	6	0	0	0					¥	2	6	0	0	0	

附件壹张

会计主管 刘生 记账 王红 复核 赵玲 制单 赵艳 领缴款人 黄璐

附件 2—21

山西省医疗单位门诊医药费

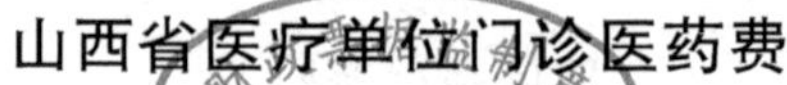

统一收据　　　　发票号码 00002184

姓名：山西安特风机制造有限公司　　　　2017 年 10 月 28 日

项 目	金 额	项 目	金 额	项 目	金 额
西药		手术费		输氧费	
中成药		化验费			
中草药		检查费	260.00		
注射费	现金付讫	治疗费			
合计（大写）	⊗仟贰佰陆拾零元零角零分		¥260.00		

②报销凭证

山西医科大学第一医院 门诊 收费章

收款单位（章）　　（此票无剪贴监督券无效）　　收款人　　开票人 陈莉

附件 2—22

记账凭证

总字第______号

2017 年 10 月 30 日　　　　字 第 71 号

摘 要	科 目	子、细目及户名	借方										贷方										记账符号
			千	百	十	万	千	百	十	元	角	分	千	百	十	万	千	百	十	元	角	分	
车间领用机物料	应付职工薪酬	职工福利					4	9	0	0	0	0											✓
	原材料	润滑油															4	9	0	0	0	0	✓
合 计							¥	4	9	0	0	0					¥	4	9	0	0	0	

附件壹张

会计主管 刘生　　记账 王红　　复核 赵玲　　制单 王红　　领缴款人 黄璐

附件 2—23

领 料 单

领料单位 基本生产车间　　　　2017 年 10 月 30 日　　　　第 18 号

编 号	品 名	规 格	单 位	请领数量	实发数量	单 价	金 额	备 注
103	润滑油	CL-4	桶	10	10	490.00	4 900.00	
领料用途	机物料					合计	¥4 900.00	

第三联 会计凭证

供应部门负责人 李明　　发料 夏烨　　领料 肖云　　制单 肖云　　领料部门负责人 赵运来

【实务操作指导】

一、采用科学的方法查找错账

全面查找，即对发现错账的月份的所有经济业务按先后顺序逐笔查找，可顺查也可逆查。

个别查找一般有差额法、除 2 法、除 9 法等专用方法。

1.差额法

根据错账差额查找漏记账目的方法，即账簿中查找有无与错账差额相同的数字，检查其是否漏记或重记。

2.除 2 法

用错账差额除以 2 后得出的商来判明、查找错误的一种方法。它是用来查找记错方向而产生的记账错误。

3.除 9 法

用错账差额除以 9 后得出的商数来判明、查找错误的一种方法。它是用来查找数字错位或位数颠倒而产生的记账错误。

二、正确更正记账错误

更正错账的方法有三种：

1.划线更正法

用来更改记账凭证正确但账簿记录中文字或数字有记账错误的情况。

2.红字更正法

它又称红字冲销法，用来更改根据记账凭证记账后发现由于记账凭证错误而导致账簿记录错误的情况。

3.补充登记法

用来更改记账凭证中应借、应贷的会计科目、记账方向都正确，只是所记金额小于应记的金额而产生的金额记录错误的情况。

三、会计实务用品

该实务应配备通用记账凭证。

实务五　总账的登记及对账与结账

【实务操作目的】

通过实务操作，使学生掌握总分类账户的登记方法，熟悉对账与结账方法。

【实务操作步骤】

1.建立总账。

2.登记总账。

3.月末，全部经济业务登记后，结出本月发生额和期末余额，与有关明细账、日记账进行核对。

4.所有总账、明细账、日记账月末全部登记完成并核对后，进行结账工作。

【登记总账、对账、结账实务】

山西安特风机制造有限公司 2017 年 9 月初银行存款总账余额为 156 420 元，根据该公司 9 月份经济业务(第一章实务三)编制的汇总记账凭证(汇总收款凭证、汇总付款凭证)或记账凭证汇总表登记银行存款总账。

月末结出银行存款总账、银行存款日记账的发生额和期末余额，并进行核对。

进行 9 月末的结账工作。

【实务操作指导】

一、总账的登记要求

1.总账一般按一级会计科目设置账页。

2.登记总账前首先了解企业采用的会计核算程序。总账可以根据记账凭证逐笔登记，也可以根据汇总记账凭证登记，还可以根据记账凭证汇总表登记，这取决于企业采用什么样的会计核算程序。

3.月末每个账户应结出本月发生额和期末余额，期末余额应标明借(贷)方符号，并与有关明细账、日记账进行核对。

二、掌握对账的内容

1.账证核对

核对会计账簿记录与记账凭证的时间、凭证字号、内容、金额是否一致，记账方向是否相符。这种核对一般是在日常编制凭证和记账过程中进行的。

2.账账核对

核对不同会计账簿之间的账簿记录是否相符，包括：总账有关账户的余额核对，总账与明细账核对，总账与日记账核对，会计部门的财产物资明细账与财产物资保管和使用部门的有关明细账核对等。

3.账实核对

核对会计账簿记录与财产等实有数额是否相符，包括：现金日记账账面余额与现金实际库存数相核对；银行存款日记账账面余额定期与银行对账单相核对；各种财物明细账账面余额与财物实存数额相核对；各种应收、应付款明细账账面余额与有关债务、债权单位或者个人相核对等。

三、结账的具体要求

结账的时间应该在会计期末进行，即公历每月最后一个工作日终了时。按账户的需要分别结出月份、季度、年度的本期发生额及余额。

1.结账前，必须将本期内所发生的各项经济业务全部登记入账。

2.结账时，应当结出每个账户的期末余额。需要结出当月发生额的，应当在摘要栏内注明“本月合计”字样，并在下面通栏划单红线。需要结出本年累计发生额的，应当在摘要栏内注明“本年累计”字样，并在下面通栏划单红线；12月末的“本年累计”就是全年累计发生额，全年累计发生额下面应当通栏划双红线。年度终了结账时，所有总账账户都应当结出全年发生额和年末余额。

3.年度终了，要把各账户的余额结转到下一会计年度，并在摘要栏注明“结转下年”字样；在下一会计年度新建有关会计账簿的第一行余额栏内填写上年结转的余额，并在摘要栏注明“上年结转”字样。

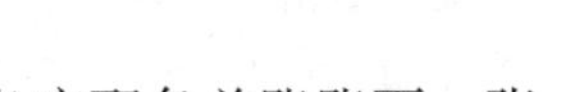

四、会计实务用品

该实务应配备总账账页一张。

第三章　会计报表实务

实务一　资产负债表的编制

【实务操作目的】

通过实务操作使学生熟悉资产负债表的基本结构和编制要求，掌握资产负债表的编制方法。

【实务操作步骤】

1.搜集、准备、整理和审核总账与明细账等编制资产负债表所需要的资料。

2.按照会计准则规定填列资产负债表中各项目。

3.检查资产负债表中各项目填列是否正确，并了解资产负债表中数字的平衡关系。

【资产负债表的编制实务】

山西安特风机制造有限公司 2017 年 10 月末各总账科目期末余额和明细账科目期末余额如表 3—1、表 3—2 所示，要求编制资产负债表(见表 3—3，表中只填列期末余额)。

表 3－1 **总账期末余额** 单位:元

会计科目	借方余额	贷方余额
库存现金	11 185	
银行存款	814 700	
交易性金融资产	500 000	
应收账款	1 270 460	
坏账准备		4 500
预付账款	368 000	
其他应收款	24 500	
原材料	940 000	
库存商品	849 200	
固定资产	3 210 000	
累计折旧		670 000
在建工程	2 750 000	
短期借款		1 500 000
应付账款		724 600
其他应付款		168 200
应付职工薪酬		736 720
应交税费		28 675
应付利息		7 500
预收账款		512 000
实收资本		4 000 000
盈余公积		135 750
本年利润		688 300
利润分配		1 561 800
合　　计	10 738 045	10 738 045

表 3—2　　**有关明细账期末余额**　　单位：元

会计科目		借方余额	贷方余额
总账	明细账		
应收账款	太原晋汾煤业有限公司	368 800	
	山西双洋化工有限公司	425 560	
	山西晋科商贸有限公司	476 100	
预付账款	长治钢铁有限公司	418 000	
	太原昌盛钢材经销公司		50 000
其他应收款	吴涛	12 000	
	李刚	12 500	
应付账款	太原钢材厂		520 000
	上海宝华实业有限公司		204 600
其他应付款	太原华美装饰公司		168 200
预收账款	太原大唐建筑工程有限公司		572 000
	太原东方建筑工程有限公司	60 000	

表 3—3

资产负债表

会企 01 表

编制单位：　　　　　　　　　　年　　月　　日　　　　　　　　　　单位：元

资产	期末余额	年初余额	负债和所有者权益（或股东权益）	期末余额	年初余额
流动资产：			流动负债：		
货币资金			短期借款		
交易性金融资产			交易性金融负债		
应收票据			应付票据		
应收账款			应付账款		
预付账款			预收账款		
应收利息			应付职工薪酬		
应收股利			应交税费		
其他应收款			应付利息		
存货			应付股利		
一年内到期的非流动资产			其他应付款		
其他流动资产			一年内到期的非流动负债		
流动资产合计			其他流动负债		
非流动资产：			流动负债合计		
可供出售金融资产			非流动负债：		
持有至到期投资			长期借款		
长期应收款			应付债券		
长期股权投资			长期应付款		
投资性房地产			专项应付款		
固定资产			预计负债		
在建工程			递延所得税负债		
工程物资			其他非流动负债		
固定资产清理			非流动负债合计		
生产性生物资产			负债合计		
油气资产			所有者权益(或股东权益)		
无形资产			实收资本(或股本)		
开发支出			资本公积		
商誉			减:库存股		
长期待摊费用			盈余公积		
递延所得税资产			未分配利润		
其他非流动资产			所有者权益(或股东权益)合计		
非流动资产合计					
资产总计			负债和所有者权益(或股东权益)总计		

【实务操作指导】

1.在对账(总账与明细账)准确无误、各项核算资料真实、可靠的前提下，首先审核总账。总账所有科目期末余额具有平衡关系，即所有科目的借方余额等于所有科目的贷方余额，这样才能保证会计信息的客观性。

2.使用国家规定的资产负债表表格形式。

3.符合会计报表的编制要求。

4.资产负债表的各项目是根据总账科目的期末余额和明细账科目期末余额分析填列。

5.对外报送的财务报告，应当依次编定页码，加具封面，装订成册，加盖公章。封面上应当注明：单位名称，单位地址，财务报告所属年度、季度、月度，送出日期，并由单位领导人、总会计师、会计机构负责人、会计主管人员签名或者盖章。

6.会计实务用品：该实务应配备资产负债表两张。

实务二　利润表的编制

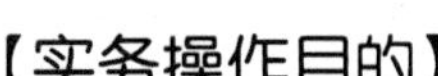

【实务操作目的】

通过实务操作使学生熟悉利润表的基本结构和编制要求，掌握利润表的编制方法。

【实务操作步骤】

1.搜集、准备、整理和审核收入、费用明细账及本年利润等编制利润表所需要的资料。

2.按照会计准则规定填列利润表中各项目。

3.检查利润表中各项目填列是否正确，并与本年利润科目中有关数据进行核对。

【利润表编制实务】

山西安特风机制造有限公司 2017 年 10 月末各损益类账户资料如表 3—4 所示，要求编制 10 月份利润表(见表 3—5)。

表 3—4

各损益类账户资料

账 户	10 月末累计发生额		10 月发生额	
	借方	贷方	借方	贷方
主营业务收入		6 200 000.00		580 000.00
主营业务成本	4 850 000.00		387 000.00	
税金及附加	46 780.00		3 720	
其他业务收入		64 200.00		6 600.00
其他业务成本	32 000.00		3 500.00	
管理费用	256 700.00		28 280.00	

续表

账 户	10月末累计发生额		10月发生额	
	借方	贷方	借方	贷方
销售费用	482 800.00		52 000.00	
财务费用	75 000.00		7 020.00	
营业外收入		1 040.00		
营业外支出	5 690.00		800.00	
所得税费用	129 067.50		26 070.00	

表 3—5

利润表

会企 02 表

编制单位： 年 月 单位:元

项 目	本月数	本年累计数
一、营业收入		
减:营业成本		
税金及附加		
销售费用		
管理费用		
财务费用		
资产减值损失		
加:公允价值变动收益(损失以“—”填列)		
投资收益(损失以“—”填列)		
其中:对联营企业和合营企业的投资收益		
二、营业利润(亏损以“—”填列)		
加:营业外收入		
减:营业外支出		
其中:非流动资产处置损失		
三、利润总额(亏损以“—”填列)		
减:所得税费用		
四、净利润(亏损以“—”填列)		
五、其他综合收益		
六、综合收益总额		
七、每股收益		
(一)基本每股收益		
(二)稀释每股收益		

【实务操作指导】

1.在账簿中收入、费用核算资料真实、可靠的前提下，根据会计报表的编制要求，编制利润表。

2.使用国家规定的利润表表格形式。

3.利润表各项目是根据损益类账户本期发生额分析填列。表中“本月数”根据本月发生额分析填列，表中“本年累计数”反映截止报告期的本年累计发生总数。

4.掌握资产负债表和利润表之间的勾稽关系。

5.会计实务用品：该实务应配备利润表两张。

第四章　基础会计综合实务

【实务操作目的】

通过综合实务操作，使学生能够系统地了解制造业原始凭证和记账凭证的填制和审核、登记账簿、成本计算、利润的形成与分配、所得税的计算与缴纳以及会计报表的编制等会计核算的基本程序和具体方法。掌握会计工作的基本技能，为以后走向工作岗位奠定良好的基础。

【实务操作步骤】

综合实务以山西安特风机制造有限公司 2017 年 12 月发生的全部经济业务为依据，采用记账凭证汇总表核算程序，进行全面的账务处理。

1.建账。使用第二章实务一的账簿资料(或直接根据本书第 8 页山西安特风机制造有限公司 2017 年 12 月初有关账薄资料建账)。

2.对原始凭证逐张审核，根据审核无误的原始凭证填制记账凭证(收款凭证、付款凭证、转账凭证或通用记账凭证)。

3.根据记账凭证(收款凭证、付款凭证)逐日逐笔登记现金日记账和银行存款日记账。

4.根据记账凭证和原始凭证登记明细账。

5.定期(月末)编制记账凭证汇总表，试算平衡后，登记总账。

6.对账和结账。

7.总账余额试算平衡后编制资产负债表和利润表。

8.装订会计凭证，整理会计档案资料，妥善保管。

【综合实务资料】

山西安特风机制造有限公司 2017 年 12 月发生下列经济业务：

1.12 月 1 日，经董事会研究决定，由山西南方化工有限公司追加投资 100 万元，现收到投资款，验资并办理增资手续(增资后，山西东泰煤矿有限公司占实收资本总额的 65%，山西南方化工有限公司占实收资本总额的 35%)，见附件 4－1、附件 4－2。

2.12 月 2 日，从上海宝华实业股份有限公司购入铝镁合金，另发生运杂费由供货方代垫，货款及运杂费由中国建设银行电汇给供货单位，材料尚未到达，见附件 4—3、附件 4—4、附件 4—5、附件 4—6、附件 4—7、附件 4—8。

3.12 月 5 日，销售部职工吴涛因赴北京开会，向财务部借差旅费，见附件 4—9。

4.12 月 6 日，收回山西双洋化工有限公司欠款，见附件 4—10。

5.12 月 6 日，购入一台电脑，签发转账支票支付，见附件 4—11、附件 4—12、附件 4—13。

6.12 月 8 日，以银行存款发放职工工资，见附件 4—14、附件 4—15。

7.12 月 10 日，签发转账支票支付广告费，见附件 4—16、附件 4—17、附件 4—18。

8.12 月 10 日，从上海宝华实业股份有限公司购入的铝镁合金运到，验收入库，见附件 4—19。

9.12 月 10 日，以存款上缴上月增值税、城建税和教育费附加，见附件 4—20、附件 4—21。

10.12 月 10 日，销售给太原晋汾煤业有限公司高压矿用鼓风机，款项收到，见附件 4—22、附件 4—23、附件 4—24。

11.12 月 12 日，吴涛报销差旅费并交回多余现金(抵前借款)，见附件 4—25、附件 4—26。

12.12 月 15 日，向太原市钢材厂购入钢板，货款签发转账支票支付，材料验收入库，见附件 4—27、附件 4—28、附件 4—29、附件 4—30。

13.12 月 16 日，供应部报销业务招待费，以现金支付，见附件 4—31、附件 4—32。

14.12 月 16 日，销售给山西双洋化工有限公司离心通风机的款项收到，见附件 4—33、附件 4—34、附件 4—35。

15.12 月 16 日，签发转账支票支付山西天诚会计师事务所审计费，见附件 4—36、附件 4—37、附件 4—38。

16.12 月 18 日，以现金支付本月电话费:办公室 200 元，基本生产车间 300 元，销售部 400 元，见附件 4—39、附件 4—40、附件 4—41。

17.12 月 20 日，从长治钢铁有限公司购入钢板、铝镁合金，货款前已预付，材料验收入库，见附件 4—42、附件 4—43、附件 4—44。

18.12 月 22 日，以现金支付客户住宿费，见附件 4—45。

19.12 月 22 日，销售给山西晋科商贸有限公司高压矿用鼓风机、离心通风机，款项尚未收到，见附件 4—46、附件 4—47。

20.12 月 22 日，签发转账支票支付职工技术培训费，见附件 4—48、附件 4—49。

21.12 月 23 日，办公室报销办公费，以现金支付，见附件 4—50。

22.12 月 23 日，收到第四季度存款利息，见附件 4—51。

23.12 月 26 日，签发现金支票一张，从银行提取现金备用，见附件 4—52。

24.12 月 26 日，签发转账支票支付本月水费，见附件 4—53、附件 4—54、附件 4—55。

25.12 月 28 日，山西晋科商贸有限公司偿还欠款，见附件 4—56。

26.12 月 29 日，偿付上海宝华实业股份有限公司货款，见附件 4—57、附件 4—58、附件 4—59。

27.12 月 30 日，偿付太原市钢材厂货款，见附件 4—60、附件 4—61。

28.12 月 30 日，签发转账支票支付电费，见附件 4—62、附件 4—63、附件 4—64。

29.12 月 31 日，分配本月材料费用，见附件 4—65、附件 4—66、附件 4—67、附件 4—68、附件 4—69、附件 4—70。

30.12 月 31 日，分配本月工资费用，见附件 4—71。

31.12 月 31 日，计提本月职工社会保险费，见附件 4—72。

32.12 月 31 日，计提本月固定资产折旧费，见附件 4—73。

33.12 月 31 日，分配本月水费，见附件 4—74。

34.12 月 31 日，分配本月电费，见附件 4—75。

35.12 月 31 日，按规定计提本月利息费用，见附件 4—76。

36.12 月 31 日，支付借款利息，见附件 4—77。

37.12 月 31 日，按应收账款的 5‰计提坏账准备，见附件 4—78。

38.12 月 31 日，分配制造费用，见附件 4—79、附件 4—80。

39.12 月 31 日，本月高压矿用鼓风机全部完工，验收入库，结转完工产品成本，见附件 4—81、附件 4—82。

40.12 月 31 日，结转本月已销商品销售成本，见附件 4—83。

41.12 月 31 日，将本月应交增值税转入“未交增值税”账户。

42.12 月 31 日，计算本月应缴纳的城建税和教育费附加，见附件 4—84。

43.12 月 31 日，结转本月损益类账户，见附件 4—85。

44.12 月 31 日，计算并结转本月应交所得税（假设本年度无纳税调整项目），见附件4—86。

45.12 月 31 日，按税后利润的 10％提取法定盈余公积，见附件 4—87。

46.12 月 31 日，经董事会研究决定分配利润，见附件 4—88。

47.12 月 31 日，结转本年净利润与利润分配各明细账户。

附件 4—1

委托单位：山西安特风机制造有限公司
验资单位：山西天诚会计师事务所（有限公司）

验资报告

晋　验字【2017】第 176 号

我们接受委托，审验了贵公司截至 2017 年 12 月 1 日新增注册资本及实收资本情况。按照法律法规以及协议、章程的要求出资，提供真实、合法、完整的验资资料，保护资产的安全、完整是全体股东及贵公司的责任。我们的责任是对贵公司新增注册资本及实收情况发表审验意见。我们的审验是依据《中国注册会计师审计准则第 1602 号——验资》进行的。在审验过程中，我们结合贵公司的实际情况，实施了检查等必要的审验程序。

山西安特风机制造有限公司于 2010 年 8 月 1 日成立，在山西省工商行政管理局登记，注册号为 140000000102251，注册资本为 4 000 000 元，由两位股东投入。其中，山西东泰煤矿有限公司以货币资金出资3 000 000元，山西南方化工有限公司以货币资金出资1 000 000元。

根据山西安特风机制造有限公司 2017 年第三次股东会决议及章程修正案，注册资本由原来的 4 000 000元追加到现在的5 000 000元，增加的注册资本由山西南方化工有限公司以货币形式投入。注册资本追加后股东的出资情况是：山西东泰煤矿有限公司占注册资本的 65%，山西南方化工有限公司占 35%。

验资报告供贵公司登记及据以向全体股东签发出资证明时使用，不应将其视为是对贵公司验资报告日的保全、偿债能力及持续经营能力的保证。因为使用不当造成的后果，与执行本验资业务的注册会计师及会计师事务所无关。本报告有效期为 90 天。

根据《公司法》规定，出资人认缴的注册资本，经验资注册后，不得随意抽逃、转移，否则一切后果自负。

附件（1）投入资本明细表

（2）验资事项说明

山西天诚会计师事务所（有限公司）（公章）　　　　中国注册会计师（签章）

中国注册会计师高晓玲
125455355233

地址：太原市　　　　2017 年 12 月 1 日

附件 4—2

中国建设银行　进账单（收账通知）　**3**

2017 年 12 月 01 日

出票人	全　称	山西南方化工有限公司	收款人	全　称	山西安特风机制造有限公司
	账　号	1235484120		账　号	1004560088
	开户银行	山西工商银行双塔分行		开户银行	建设银行太原市分行迎新支行

金额	人民币（大写）	壹佰万元整	亿	千	百	十	万	千	百	十	元	角	分
				¥	1	0	0	0	0	0	0	0	0

票据种类	转账支票	票据张数	1	中国建设银行股份有限公司 太原迎新支行 2017.12.01 办讫章
票据号码				
复核　　记账				收款人开户银行盖章

附件 4—3

上海增值税专用发票

2002356003　　　　　　　　　　No 02426695

发票联

开票日期：2017 年 12 月 02 日

购买方	名　　　称：山西安特风机制造有限公司 纳税人识别号：1401066123 地 址 、电 话：太原市大兴路 21 号 0351—4023568 开户行及账号：建设银行太原市分行迎新支行　1004560088				密码区	略	
货物或应税劳务、服务名称	规格型号	单位	数量	单价	金额	税率	税额
铝镁合金	A508	千克	6 000	24	144 000.00	17%	24 480.00
合　计					¥144 000.00		¥24 480.00
价税合计（大写）	壹拾陆万捌仟肆佰捌拾元整				（小写）¥168 480.00		
销售方	名　　　称：上海宝华实业股份有限公司 纳税人识别号：2005600101 地 址 、电 话：淮海路 288 号　021—44466698 开户行及账号：中国银行淮海路支行　245678900				备注	上海宝华实业股份有限公司 2005600101 发票专用章	

收款人　鲁海　　复核　鲁海　　开票人　杨金　　销售方（章）

第三联　发票联　购买方记账凭证

附件 4—4

上海增值税专用发票

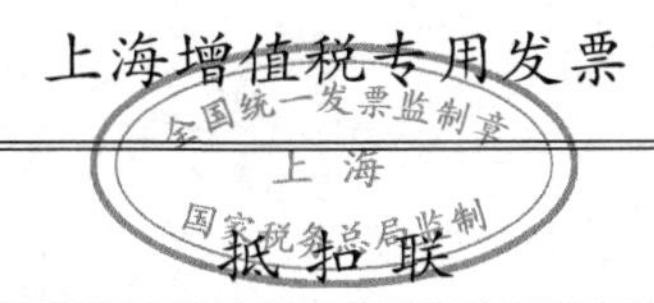

2002356003　　　　　　　　　　No 02426695

抵扣联

开票日期：2017 年 12 月 02 日

购买方	名　　　称：山西安特风机制造有限公司 纳税人识别号：1401066123 地 址 、电 话：太原市大兴路 21 号 0351—4023568 开户行及账号：建设银行太原市分行迎新支行　1004560088				密码区	略	
货物或应税劳务、服务名称	规格型号	单位	数量	单价	金额	税率	税额
铝镁合金	A508	千克	6 000	24	144 000.00	17%	24 480.00
合　计					¥144 000.00		¥24 480.00
价税合计（大写）	壹拾陆万捌仟肆佰捌拾元整				（小写）¥168 480.00		
销售方	名　　　称：上海宝华实业股份有限公司 纳税人识别号：2005600101 地 址 、电 话：淮海路 288 号　021—44466698 开户行及账号：中国银行淮海路支行　245678900				备注	上海宝华实业股份有限公司 2005600101 发票专用章	

收款人　鲁海　　复核　鲁海　　开票人　杨金　　销售方（章）

第二联　抵扣联　购买方扣税凭证

附件 4—5

中国建设银行 China Construction Bank

中国建设银行单位客户专用回单

币种：人民币　　　　2017 年 12 月 02 日　　　　流水号：140000100244GPXXDGH

付款人	全　称	山西安特风机制造有限公司	收款人	全　称	上海宝华实业股份有限公司
	账　号	1004560088		账　号	245678900
	开户银行	建设银行太原市分行迎新支行		开户银行	中国银行淮海路支行
金额	（大写）人民币壹拾柒万叁仟捌佰零捌元整			（小写）¥173 808.00	
凭证种类	电汇凭证		凭证号码		
结算方式	转账		用　途	货款	
汇款交易日期：20171202 支付清算业务类型：A100 汇款合约编号：033520170021 实际付款人账户：1004560088 实际付款人户名：山西安特风机制造有限公司			打印柜员：140815508144 打印机构：建行太原迎新支行 打印卡号：6235101255784 汇款附言：货款		

打印时间：2017—12—02　　　　交易柜员：999999　　　　交易机构：140001000

附件 4—6

中国建设银行 China Construction Bank

中国建设银行单位客户专用回单

币种：人民币　　　　2017 年 12 月 02 日　　　　流水号：140000102471NGPXXDGH

户名：　山西安特风机制造有限公司		账号　1004560088
项目名称	工本费/转账汇款手续费/手续费	金　额
自定义	25.00	25.00
金额合计	（大写）人民币贰拾伍元整	¥25.00
付款方式：转账 类型：收费项目：对公人民币转账、汇款（含退汇） 摘要：自定义		打印柜员：140815508144 打印机构：建行太原迎新支行 打印卡号：6235101255784

打印时间：2017—12—02　　　　交易柜员：　　　　交易机构：

附件 4—7

上海增值税专用发票

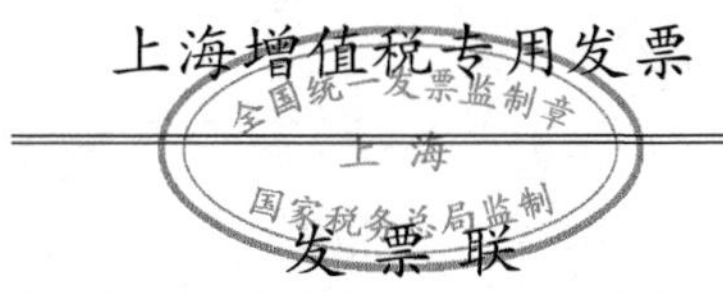

2001546121　　　　发票联　　　　№ 07043870

开票日期:2017 年 12 月 02 日

购买方	名　　称:山西安特风机制造有限公司 纳税人识别号:1401066123 地 址 、电 话:太原市大兴路 21 号 0351—4023568 开户行及账号:建设银行太原市分行迎新支行　1004560088					密码区	略	
货物或应税劳务、服务名称	规格型号	单位	数量	单价	金 额	税 率	税 额	
国内运输服务					4 800.00	11%	528.00	
合　计					¥4 800.00		¥528.00	
价税合计(大写)	伍仟叁佰贰拾捌元整				(小写) ¥5 328.00			
销售方	名　　称:上海铁路局 纳税人识别号:2407246300 地 址 、电 话:上海市静安区 80 号　021—63999333 开户行及账号:工商银行静安支行　1035422620					备注	上海铁路局 2407246300 发票专用章	

收款人　闫东　　复核　杨一　　开票人　刘晓　　销售方(章)

第三联　发票联　购买方记账凭证

附件 4—8

上海增值税专用发票

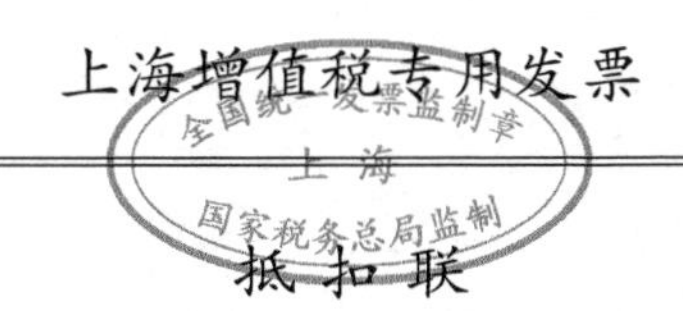

2001546121　　　　抵扣联　　　　№ 07043870

开票日期:2017 年 12 月 02 日

购买方	名　　称:山西安特风机制造有限公司 纳税人识别号:1401066123 地 址 、电 话:太原市大兴路 21 号 0351—4023568 开户行及账号:建设银行太原市分行迎新支行　1004560088					密码区	略	
货物或应税劳务、服务名称	规格型号	单位	数量	单价	金 额	税 率	税 额	
国内运输服务					4 800.00	11%	528.00	
合　计					¥4 800.00		¥528.00	
价税合计(大写)	伍仟叁佰贰拾捌元整				(小写) ¥5 328.00			
销售方	名　　称:上海铁路局 纳税人识别号:2407246300 地 址 、电 话:上海市静安区 80 号　021—63999333 开户行及账号:工商银行静安支行　1035422620					备注	上海铁路局 2407246300 发票专用章	

收款人　闫东　　复核　杨一　　开票人　刘晓　　销售方(章)

第二联　抵扣联　购买方扣税凭证

附件 4—9

借　款　单

借款日期　2017 年 12 月 05 日

单位或部门	销售部	借款人姓　名	吴涛	借款事由	北京开会
申请借款金额	金额(大写)　伍仟元整　¥5 000.00				还款计划
批准金额	金额(大写)　伍仟元整　¥5 000.00				
领导批示	王建国	借款人	吴涛(盖章)		

现金付讫

附件 4—10

中国建设银行 China Construction Bank

中国建设银行单位客户专用回单

币种:人民币　　2017 年 12 月 06 日　　流水号:140000100747GPXXDGH

付款人	全　　称	山西双洋化工有限公司	收款人	全　称	山西安特风机制造有限公司
	账　　号	12300750		账　号	1004560088
	开户银行	浦发银行晋阳路支行		开户银行	建设银行太原市分行迎新支行
金额	(大写)人民币贰拾捌万元整				(小写)¥280 000.00
凭证种类	电汇凭证		凭证号码		
结算方式	转账		用　　途	货款	
汇款交易日期:20171206　支付清算业务类型:A100 汇款合约编号:033520170045 实际收款人账户:1004560088 实际收款人户名:山西安特风机制造有限公司			打印柜员:140815508144 打印机构:建行太原迎新支行 打印卡号:6235101255784 汇款附言:货款		

打印时间:2017—12—06　　交易柜员:999999　　交易机构:140001000

附件 4—11

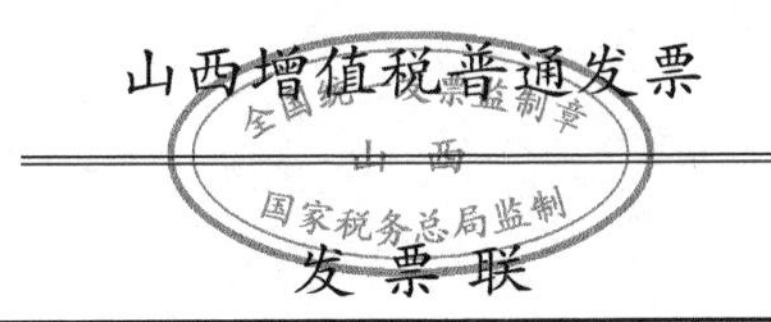

1400061610　　　　№ 00261698

开票日期：2017 年 12 月 06 日

购买方	名　　称：山西安特风机制造有限公司 纳税人识别号：1401066123 地 址、电 话：太原市大兴路 21 号 0351—4023568 开户行及账号：建设银行太原市分行迎新支行　1004560088					密码区	略
货物或应税劳务、服务名称	规格型号	单位	数量	单价	金额	税率	税额
戴尔电脑	XPS6-6	台	1	11 149.57	11 149.57	17%	1 895.43
合计					¥11 149.57		¥1 895.43
价税合计（大写）	壹万叁仟零肆拾伍元整				（小写）¥13 045.00		
销售方	名　　称：太原瀚林科贸有限公司 纳税人识别号：1401067410 地 址、电 话：太原市高新区 128 号　0351—3339266 开户行及账号：工行大支行　050212186809					备注	太原瀚林科贸有限公司 1401067410 发票专用章

收款人　焦石　　　复核　焦石　　　开票人　杨辰　　　销售方（章）

第二联　发票联　购买方记账凭证

附件 4—12

固定资产验收单

2017 年 12 月 06 日　　　　编号：036

名　称	规格型号	来　源		数量	购(造)价	使用年限	预计残值
戴尔电脑	XPS6-6	外购		1	13 045.00	5	145
安装费	月折旧率	建造单位		交工日期		附　件	
验收部门	财务部	验收人员	刘生	管理部门	财务部	管理人员	王红
备　注							

附件 4—13

中国建设银行（晋）

转账支票存根

$\frac{E}{0}\frac{K}{2}$01269433

石家庄石钞证券印制有限责任公司. 2017年印制

附加信息

出票日期　2017 年 12 月 06 日

收款人:太原瀚林科贸有限公司
金　额:¥13 045.00
用　途:购计算机

单位主管　刘生　　会计　王红

附件 4—14

山西安特风机制造有限公司工资发放表

2017 年 12 月 08 日　　　　单位:元

车间、部门		基本工资	奖金	加班津贴	缺勤工资	应付工资	代扣款项(个人所得税)	实发工资
生产车间	高压矿用鼓风机生产工人	159 800	8 000	6 000	120	173 680	1 880	171 800
	江尚义	5 000	500	300		5 800	125	5 675
	刘云山	5 000	500	400		5 900	135	5 765
	郝　其	4 000	400	400		4 800	39	4 761
	……	……	……	……	……	……	……	……
	离心通风机生产工人	107 250	7 200	5 500	80	119 870	1 300	118 570
	李卫国	4 500	300	200		5 000	45	4 955
	王大山	4 200	100	300		4 600	33	4 567
	吴　伟	4 000	200			4 200	21	4 179
	……	……	……	……	……	……	……	……
	车间管理人员	38 400	1 800	300	100	40 400	300	40 100
	赵运来	7 500	500			8 000	345	7 655
	肖　云	4 500	500			5 000	45	4 955
	……	……	……	……	……	……	……	……
	小　计	305 450	17 000	11 800	300	333 950	3 480	330 470
行政管理部门	办公室	26 000	400	120		26 520	240	26 280
	赵　强	7 500				7 500	295	7 205
	……	……	……	……	……	……	……	……
	财务部	18 900	600			19 500	120	19 380
	刘　生	5 500	200			5 700	115	5 585
	王　红	5 000	200			5 200	65	5 135
	……	……	……	……	……	……	……	……
	供应部	21 500	800	300		22 600	163	22 437
	李　明	5 000	100			5 100	55	5 045
	裴　云	4 500	100	100		4 700	36	4 664
	……	……	……	……	……	……	……	……
	后勤中心	34 800	400	180		35 380	157	35 223
	孙启明	5 000	100			5 100	55	5 045
	张　山	4 900	100			5 000	45	4 955
	……	……	……	……	……	……	……	……
	小　计	101 200	2 200	600		104 000	680	103 320
销售部门	销售部	33 600	600			34 200	550	33 650
	常　在	6 000	200			6 200	165	6 035
	……	……	……	……	……	……	……	……
合　计		440 250	19 800	12 400	300	472 150	4 710	467 440

主管　刘生　　　审核　赵玲　　　制表　王红　　　审批　王建国

附件 4—15

中国建设银行（晋）

转账支票存根

$\frac{E}{0}\frac{K}{2}$01269434

石家庄石钞证券印制有限责任公司.2017年印制

附加信息

出票日期　2017 年 12 月 08 日

收款人:山西安特风机制造有限公司
金　额:￥467 440.00
用　途:工资

单位主管　刘生　　会计　王红

附件 4—16

山西增值税专用发票

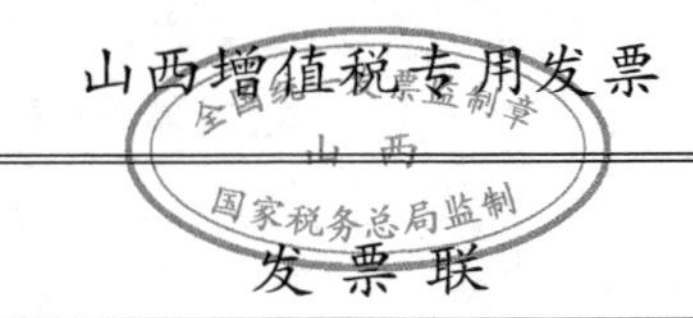

1400074140　　　　　　　　　　№ 07645269

发票联

开票日期:2017 年 12 月 10 日

<table>
<tr><td>购买方</td><td colspan="5">名　　称:山西安特风机制造有限公司
纳税人识别号:1401066123
地 址 、电 话:太原市大兴路 21 号 0351—4023568
开户行及账号:建设银行太原市分行迎新支行　1004560088</td><td>密码区</td><td colspan="2">略</td></tr>
<tr><td colspan="2">货物或应税劳务、服务名称</td><td>规格型号</td><td>单位</td><td>数量</td><td>单价</td><td>金 额</td><td>税 率</td><td>税 额</td></tr>
<tr><td colspan="2">广告费</td><td></td><td></td><td></td><td></td><td>56 000.00</td><td>6%</td><td>3 360.00</td></tr>
<tr><td colspan="2">合 计</td><td></td><td></td><td></td><td></td><td>￥56 000.00</td><td></td><td>￥3 360.00</td></tr>
<tr><td colspan="2">价税合计(大写)</td><td colspan="4">伍万玖仟叁佰陆拾元整</td><td colspan="3">(小写) ￥59 360.00</td></tr>
<tr><td>销售方</td><td colspan="5">名　　称:太原佳美广告有限公司
纳税人识别号:1046322841
地 址 、电 话:太原市晋阳街 36 号　0351—2784888
开户行及账号:工商银行晋阳街支行　1074255550</td><td>备注</td><td colspan="2">太原佳美广告有限公司
1046322841
发票专用章</td></tr>
</table>

第三联　发票联　购买方记账凭证

收款人　刘元　　　复核　李涛　　　开票人　王华　　　销售方(章)

附件 4—17

山西增值税专用发票

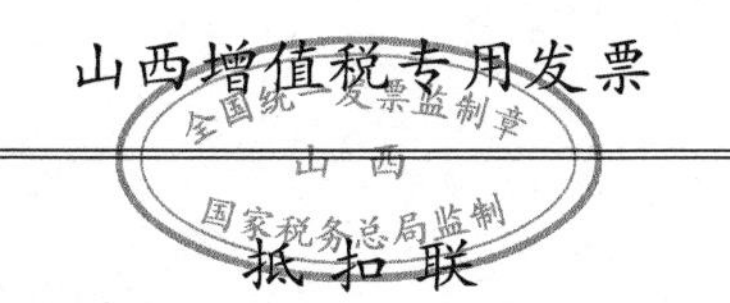

1400074140　　　　　　　　　　№ 07645269

抵扣联

开票日期:2017 年 12 月 10 日

<table>
<tr><td>购买方</td><td colspan="5">名　　称:山西安特风机制造有限公司
纳税人识别号:1401066123
地 址 、电 话:太原市大兴路 21 号 0351—4023568
开户行及账号:建设银行太原市分行迎新支行　1004560088</td><td>密码区</td><td colspan="2">略</td></tr>
<tr><td colspan="2">货物或应税劳务、服务名称</td><td>规格型号</td><td>单位</td><td>数量</td><td>单价</td><td>金 额</td><td>税 率</td><td>税 额</td></tr>
<tr><td colspan="2">广告费</td><td></td><td></td><td></td><td></td><td>56 000.00</td><td>6%</td><td>3 360.00</td></tr>
<tr><td colspan="2">合 计</td><td></td><td></td><td></td><td></td><td>¥56 000.00</td><td></td><td>¥3 360.00</td></tr>
<tr><td colspan="2">价税合计(大写)</td><td colspan="7">伍万玖仟叁佰陆拾元整　　　　(小写)¥59 360.00</td></tr>
<tr><td>销售方</td><td colspan="5">名　　称:太原佳美广告有限公司
纳税人识别号:1046322841
地 址 、电 话:太原市晋阳街 36 号　0351—2784888
开户行及账号:工商银行晋阳街支行　1074255550</td><td>备注</td><td colspan="2">太原佳美广告有限公司
1046322841
发票专用章</td></tr>
</table>

收款人　刘元　　复核　李涛　　开票人　王华　　销售方(章)

第二联　抵扣联　购买方扣税凭证

附件 4—18

中国建设银行 (晋)

转账支票存根

$\frac{E}{0}\frac{K}{2}$01269435

附加信息

出票日期　2017 年 12 月 10 日

收款人:太原佳美广告有限公司
金　额:¥59 360.00
用　途:广告费

单位主管　刘生　　会计　王红

石家庄石钞证券印制有限责任公司.2017年印制

附件 4—19

入 库 凭 单

顺序　　　　　　号

收方账户	付方账户

送货单位：上海宝华实业股份有限公司　　　2017 年 12 月 10 日第 1 号

品　名	规格	单位	原送数量	实收数量	单价	金额								
						百	十	万	千	百	十	元	角	分
铝镁合金	A508	千克	6 000	6 000	24.80		1	4	8	8	0	0	0	0
合　计						¥	1	4	8	8	0	0	0	0

第二联　会计存

保管员：夏烨　　　送货单位负责人　　　送货人

附件 4—20

中国建设银行单位客户专用回单

转账日期：2017 年 12 月 10 日　　　凭证字号：20170120506

付款人全称及纳税人识别号：山西安特风机制造有限公司　1401066123

付款人全称：山西安特风机制造有限公司

付款人账户：1004560088　　　征收机关名称(委托方)：山西省太原市国家税务局

付款人开户银行：中国建设银行太原市分行迎新支行　　　收款国库(银行)名称：国家金库太原市迎新区支库

小写(合计)金额：¥ 32 500.00　　　缴款书交易流水号：201301203574

大写(合计)金额：叁万贰仟伍佰元整　　　税票号码：201701212554

税(费)种名称	所属日期	实缴金额
增值税	2017/11/01—2017/11/30	32 500.00

第一次打印　　　打印日期 2017 年 12 月 10 日

附件 4—21

中国建设银行 China Construction Bank

中国建设银行单位客户专用回单

转账日期：2017 年 12 月 10 日　　　　凭证字号：20170120507

付款人全称及纳税人识别号：山西安特风机制造有限公司 1401066123

付款人全称：山西安特风机制造有限公司

付款人账户：1004560088　　　　征收机关名称(委托方)：山西省太原市迎新区地方税务

付款人开户银行：中国建设银行太原市分行迎新支行　　　　收款国库(银行)名称：国家金库太原市迎新区支库

小写(合计)金额：￥3 250.00　　　　缴款书交易流水号：201301203575

大写(合计)金额：叁仟贰佰伍拾元整　　　　税票号码：201701212555

税(费)种名称	所属日期	实缴金额
城市维护建设税	2017/11/01—2017/11/30	2 275.00
教育费附加	2017/11/01—2017/11/30	975.00

中国建设银行 电子回单专用章

第一次打印　　　　打印日期 2017 年 12 月 10 日

附件 4—22

山西增值税专用发票

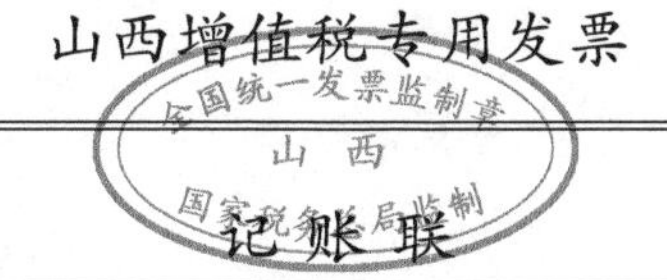

1400074140　　　　№ 00505015

记账联

开票日期：2017 年 12 月 10 日

购买方	名　　称：太原晋汾煤业有限公司 纳税人识别号：1401081234 地址、电话：河西路 8 号　0351—5540890 开户行及账号：商业银行河西路支行　855522800					密码区	略	
货物或应税劳务、服务名称	规格型号	单位	数量	单价	金额	税率	税额	
高压矿用鼓风机	4-73NO8D	台	18	12 000	216 000.00	17%	36 720.00	
合　计					￥216 000.00		￥36 720.00	
价税合计(大写)	贰拾伍万贰仟柒佰贰拾元整				(小写)￥252 720.00			
销售方	名　　称：山西安特风机制造有限公司 纳税人识别号：1401066123 地址、电话：太原市大兴路 21 号　0351—4023568 开户行及账号：建设银行太原市分行迎新支行　1004560088					备注	山西安特风机制造有限公司 1401066123 发票专用章	

第一联 记账联 销售方记账凭证

收款人　林丁　　　复核　张伟　　　开票人　曹小阳　　　销售方(章)

附件 4—23

出库单

付给 太原晋汾煤业有限公司　　2017 年 12 月 10 日　　№ 0392479

品名	规格	单位	数量	单价	金额 十	万	千	百	十	元	角	分
高压矿用鼓风机	4-73NO8D	台	18									
负责人 常在	仓库负责人 李明	出库经手人 夏烨	开票 林丁	合计								

附件 4—24

中国建设银行　进账单（收账通知）　3

2017 年 12 月 10 日

出票人	全称	太原晋汾煤业有限公司	收款人	全称	山西安特风机制造有限公司
	账号	855522800		账号	1004560088
	开户银行	商业银行河西路支行		开户银行	建设银行太原市分行迎新支行

金额	人民币（大写） 贰拾伍万贰仟柒佰贰拾元整	亿	千	百	十	万	千	百	十	元	角	分
				¥	2	5	2	7	2	0	0	0

票据种类	转账支票	票据张数	1
票据号码			
复核		记账	

中国建设银行股份有限公司 太原迎新支行 2017.12.10 办讫章

收款人开户银行盖章

此联是收款人开户银行交给收款人的收账通知

附件4-25

差旅费报销单

填报日期　2017年12月12日　　　　第1页共1页

姓名	吴涛		出差地点		北京		出差事由		开会		出差日期	自 2017年12月5日 至 2017年12月11日			共7天
出差起止日期	车船机票费				夜间乘车补助费			出差补助费			住宿费	其他费用		结算情况	
	火车	电(汽)车	飞机	轮船	车票金额	标准	补助金额	天数	标准	金额		项目	金额		
12.5~6	145.00							7	50.00	350.00	3 500.00			原借	5 000.00
12.10~11	145.00													报销	4 140.00
														退还	860.00
														补领	
小计	290.00									350.00	3 500.00				
合计报销金额(大写)　肆仟壹佰肆拾元整														¥　4 140.00	

现金付讫

附单据共　肆　张

丙4—1

单位(部门)主管　常在　　　　财务主管　刘生　　　　审核　　　　出差人　吴涛

附件 4—26

收款收据

2017 年 12 月 12 日　　　　　　　　№ 7526446

今收到　吴涛

摘　由　归还借款

人民币　⊗佰⊗拾⊗万伍仟零佰零拾零元零角零分(￥5 000.00)

此　据
单位盖章:　　　　　　经手人盖章:吴涛

山西安特风机制造有限公司 财务专用章

第三联　记账联

负责人　　　　会计　　　　出纳　张艳　　　　记账

附件 4—27

山西增值税专用发票

1400074140　　　　　　　　№ 00879459

抵扣联　　　　　　　　开票日期:2017 年 12 月 15 日

购买方	名　　　称:山西安特风机制造有限公司 纳税人识别号:1401066123 地 址 、电 话:太原市大兴路 21 号 0351—4023568 开户行及账号:建设银行太原市分行迎新支行　1004560088					密码区	略
货物或应税劳务、服务名称	规格型号	单位	数量	单价	金 额	税 率	税 额
钢板	25mm	吨	40	6 400.00	256 000.00	17%	43 520.00
合　计					￥256 000.00		￥43 520.00
价税合计(大写)	贰拾玖万玖仟伍佰贰拾元整				(小写)￥299 520.00		
销售方	名　　　称:太原市钢材厂 纳税人识别号:1401071122 地 址 、电 话:太原市迎泽街 215 号 0351—4023444 开户行及账号:中国银行太原市分行五一支行　212144085					备注	太原市钢材厂 1401071122 发票专用章

第二联　抵扣联　购买方扣税凭证

收款人　安心　　　复核　安心　　　开票人　高翠连　　　销售方(章)

附件 4—28

山西增值税专用发票

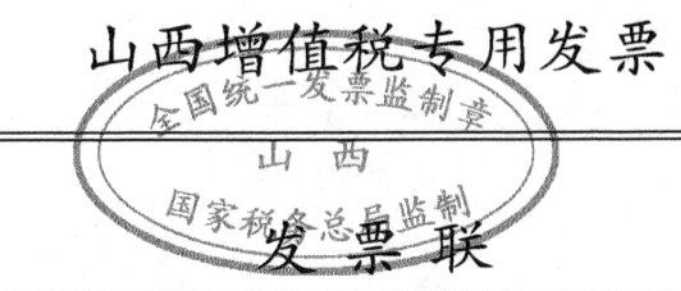

1400074140 发票联 № 00879459

开票日期:2017 年 12 月 15 日

<table>
<tr><td>购买方</td><td colspan="5">名　　称:山西安特风机制造有限公司
纳税人识别号:1401066123
地 址 、电 话:太原市大兴路 21 号　0351—4023568
开户行及账号:建设银行太原市分行迎新支行　1004560088</td><td>密码区</td><td colspan="2">略</td></tr>
<tr><td colspan="2">货物或应税劳务、服务名称</td><td>规格型号</td><td>单位</td><td>数量</td><td>单价</td><td>金额</td><td>税率</td><td>税额</td></tr>
<tr><td colspan="2">钢板</td><td>25mm</td><td>吨</td><td>40</td><td>6 400.00</td><td>256 000.00</td><td>17%</td><td>43 520.00</td></tr>
<tr><td colspan="2">合　计</td><td></td><td></td><td></td><td></td><td>¥256 000.00</td><td></td><td>¥43 520.00</td></tr>
<tr><td colspan="2">价税合计(大写)</td><td colspan="4">贰拾玖万玖仟伍佰贰拾元整</td><td colspan="3">(小写)¥299 520.00</td></tr>
<tr><td>销售方</td><td colspan="5">名　　称:太原市钢材厂
纳税人识别号:1401071122
地 址 、电 话:太原市迎泽街 215 号　0351—4023444
开户行及账号:中国银行太原市分行五一支行　212144085</td><td>备注</td><td colspan="2">太原市钢材厂
1401071122
发票专用章</td></tr>
</table>

收款人　安心　　　复核　安心　　　开票人　高翠连　　　销售方(章)

第三联 发票联 购买方记账凭证

附件 4—29

中国建设银行(晋)

转账支票存根

$\frac{E}{0}\frac{K}{2}$01269436

附加信息

出票日期　2017 年 12 月 15 日

收款人:太原市钢材厂
金　额:¥299 520.00
用　途:货款

单位主管　　　会计

石家庄石钞证券印制有限责任公司.2017年印制

附件 4—30

入库凭单

顺序　　　　　　号

收方账户	付方账户

送货单位 太原市钢材厂　　　2017年12月15日第2号

品名	规格	单位	原送数量	实收数量	单价	金额							
						十	万	千	百	十	元	角	分
钢板	25mm	吨	40	40	6 400.00	2	5	6	0	0	0	0	0
合计						2	5	6	0	0	0	0	0

第二联 会计存

保管员 夏烨　　　送货单位负责人　　　送货人

附件 4—31

业务招待申请单

2017年12月16日

部门	供应部	申请人	李刚
事由:与太原市钢材厂签订购货合同			
申请金额	贰仟伍佰元整		
部门领导	李明	审批人	王建国
备注			

附件 4—32

山西增值税电子普通发票

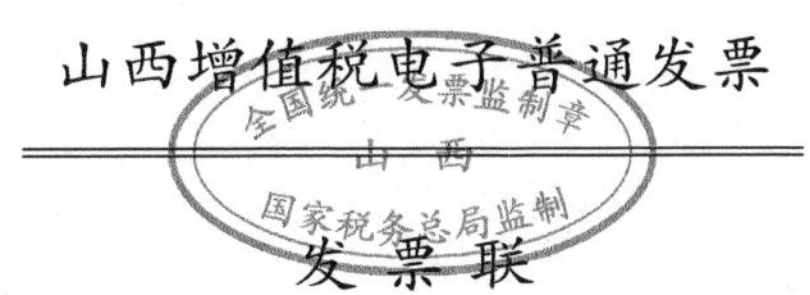

发票联

发票代码：01400160011
发票号码：0246266
开票日期：2017 年 12 月 16 日
机器编号：661605392　　　　校 验 码：58860090533674

购买方	名　　称：山西安特风机制造有限公司 纳税人识别号：1401066123 地 址 、电 话：太原市大兴路 21 号　0351—4023568 开户行及账号：建设银行太原市分行迎新支行　1004560088	密码区	略 现金付讫

货物或应税劳务、服务名称	规格型号	单位	数量	单价	金额	税率	税额
餐费			1	2 311.32	2 311.32	6%	138.68
合　计					¥2 311.32		¥138.68
价税合计（大写）	贰仟肆佰伍拾元整					（小写）	¥2 450.00

销售方	名　　称：太原晋阳饭店 纳税人识别号：1401086478 地 址 、电 话：太原市中环街 12 号　0351—2179852 开户行及账号：华夏银行中环街分理处 1000451785	备注	太原晋阳饭店 1401086478 发票专用章

收款人　李华　　　复核　李华　　　开票人　李华　　　销售方（章）

第二联　发票联　购买方记账凭证

附件 4—33

山西增值税专用发票

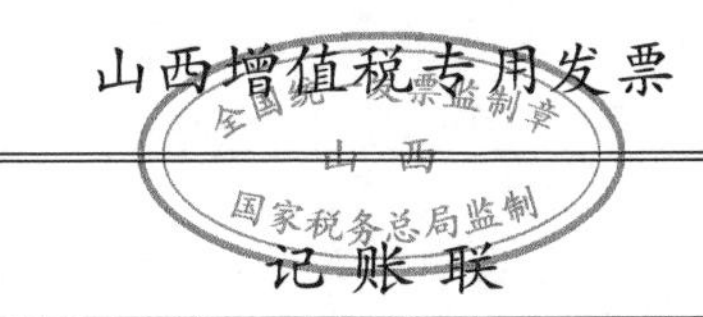

1400074140　　　　№ 00505016

记账联

开票日期：2017 年 12 月 16 日

购买方	名　　称：山西双洋化工有限公司 纳税人识别号：1401083670 地 址 、电 话：晋阳路 12 号　0351—4499086 开户行及账号：浦发银行晋阳路支行　12300750	密码区	略

货物或应税劳务、服务名称	规格型号	单位	数量	单价	金额	税率	税额
离心通风机	GC101	台	30	9 500	285 000.00	17%	48 450.00
合　计					¥285 000.00		¥48 450.00
价税合计（大写）	叁拾叁万叁仟肆佰伍拾元整					（小写）	¥333 450.00

销售方	名　　称：山西安特风机制造有限公司 纳税人识别号：1401066123 地 址 、电 话：太原市大兴路 21 号　0351—4023568 开户行及账号：建设银行太原市分行迎新支行　1004560088	备注	山西安特风机制造有限公司 1401066123 发票专用章

收款人　林丁　　　复核　张伟　　　开票人　曹小阳　　　销售方（章）

第一联　记账联　销售方记账凭证

附件 4—34

出库单

付给 山西双洋化工有限公司　　2017 年 12 月 16 日　　№ 0392498

品　名	规　格	单位	数　量	单　价	金额 十	万	千	百	十	元	角	分
离心通风机	9-20NO5A	台	30									

负责人	常在	仓库负责人	李明	出库经手人	夏烨	开票	林丁	合计								

附件 4—35

中国建设银行单位客户专用回单

币种：人民币　　2017 年 12 月 16 日　　流水号：140000100223GPXXDGH

付款人	全　称	山西双洋化工有限公司	收款人	全　称	山西安特风机制造有限公司
	账　号	12300750		账　号	1004560088
	开户银行	浦发银行晋阳路支行		开户银行	建设银行太原市分行迎新支行
金额	(大写)人民币叁拾叁万叁仟肆佰伍拾元整			(小写)￥333 450.00	
凭证种类	电汇凭证		凭证号码		
结算方式	转账		用　途	货款	
汇款交易日期：20171216　支付清算业务类型：A100 汇款合约编号：033520170024 实际收款人账户：1004560088 实际收款人户名：山西安特风机制造有限公司			打印柜员：140815508144 打印机构：建行太原迎新支行 打印卡号：6235101255784 汇款附言：货款		

（印章：中国建设银行 电子回单专用章）

打印时间：2017—12—16　　交易柜员：999999　　交易机构：140001000

附件 4—36

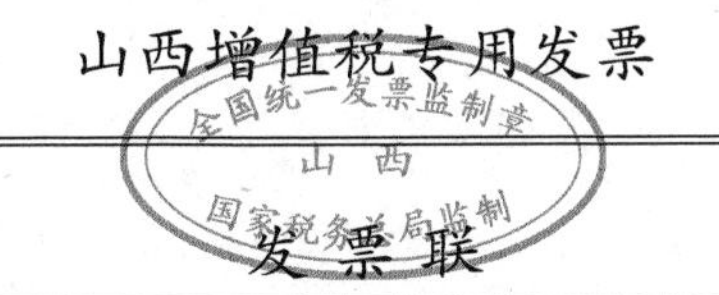

山西增值税专用发票

1400007741　　　　　　No 00823547

发票联

开票日期：2017 年 12 月 16 日

购买方	名　　称：山西安特风机制造有限公司 纳税人识别号：1401066123 地 址 、电 话：太原市大兴路 21 号　0351—4023568 开户行及账号：建设银行太原市分行迎新支行 1004560088					密码区	略	
货物或应税劳务、服务名称	规格型号	单位	数量	单价	金额	税率	税额	
审计费				18 800.00	18 800.00	6%	1 128.00	
合计					¥18 800.00		¥1 128.00	
价税合计（大写）	壹万玖仟玖佰贰拾捌元整				（小写）¥19 928.00			
销售方	名　　称：山西天诚会计师事务所 纳税人识别号：1400135677 地 址 、电 话：太原市平阳路 150 号 0351—4066527 开户行及账号：中国光大银行平阳路支行　7584131523					备注	山西天诚会计师事务所 1400135677 发票专用章	

收款人　田青　　　复核　高林　　　开票人　田青　　　销售方（章）

第三联　发票联　购买方记账凭证

附件 4—37

山西增值税专用发票

1400007741　　　　　　No 00823547

抵扣联

开票日期：2017 年 12 月 16 日

购买方	名　　称：山西安特风机制造有限公司 纳税人识别号：1401066123 地 址 、电 话：太原市大兴路 21 号 0351—4023568 开户行及账号：建设银行太原市分行迎新支行 1004560088					密码区	略	
货物或应税劳务、服务名称	规格型号	单位	数量	单价	金额	税率	税额	
审计费				18 800.00	18 800.00	6%	1 128.00	
合计					¥18 800.00		¥1 128.00	
价税合计（大写）	壹万玖仟玖佰贰拾捌元整				（小写）¥19 928.00			
销售方	名　　称：山西天诚会计师事务所 纳税人识别号：1400135677 地 址 、电 话：太原市平阳路 150 号 0351—4066527 开户行及账号：中国光大银行平阳路支行　7584131523					备注	山西天诚会计师事务所 1400135677 发票专用章	

收款人　田青　　　复核　高林　　　开票人　田青　　　销售方（章）

第二联　抵扣联　购买方扣税凭证

附件 4—38

中国建设银行（晋）

转账支票存根

$\frac{E}{0}\frac{K}{2}$01269437

石家庄石钞证券印制有限责任公司. 2017年印制

附加信息

出票日期 2017 年 12 月 16 日

收款人:山西天诚会计师事务所
金 额:¥19 928.00
用 途:审计费

单位主管 刘生 会计 王红

附件 4—39

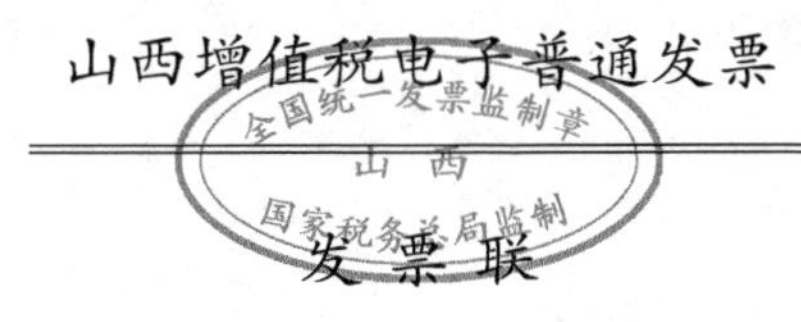

发票代码:01400160011
发票号码:04115555
开票日期:2017 年 12 月 18 日
校 验 码:022585879936784

机器编号:499099444458

购买方	名 称:山西安特风机制造有限公司 纳税人识别号:1401066123 地 址 、电 话:太原市大兴路 21 号 0351—4023568 开户行及账号:建设银行太原市分行迎新支行 1004560088	密码区	略 现金付讫

货物或应税劳务、服务名称	规格型号	单位	数量	单价	金 额	税 率	税 额
本次实缴费用					200.00		
合 计					¥200.00		
价税合计（大写）	贰佰元整				（小写）¥200.00		

销售方	名 称:中国联合网络通讯有限公司太原市分公司 纳税人识别号:1401157282 地 址 、电 话:太原市大兴路 110 号 0351—3662251 开户行及账号:浦发银行建设路支行 512000476	备注	本月 201712; 业务号码 0351—4023568 中国联合网络通讯有限公司太原市分公司 1401157282 发票专用章

收款人 复核 开票人 TY2Y3330 销售方（章）

第二联 发票联 购买方记账凭证

附件 4—40

山西增值税电子普通发票

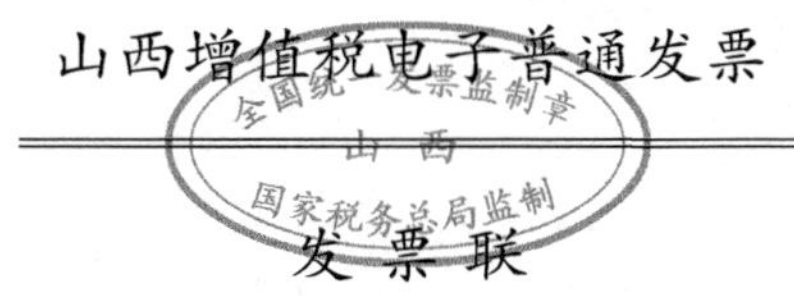

发票联

发票代码:01400160011
发票号码:04115556
开票日期:2017 年 12 月 18 日
机器编号:499099444458　　校 验 码:022585879936784

购买方	名　　称:山西安特风机制造有限公司 纳税人识别号:1401066123 地 址 、电 话:太原市大兴路 21 号　0351—4023568 开户行及账号:建设银行太原市分行迎新支行　1004560088					密码区	略 现金付讫	
货物或应税劳务、服务名称	规格型号	单位	数量	单价	金 额	税 率	税 额	
本次实缴费用					300.00			
合　计					¥300.00			
价税合计(大写)	叁佰元整				(小写) ¥300.00			
销售方	名　　称:中国联合网络通讯有限公司太原市分公司 纳税人识别号:1401157282 地 址 、电 话:太原市大兴路 110 号 0351—3662251 开户行及账号:浦发银行建设路支行 512000476					备注	本月 201712; 业务号码 0351—4023568	

收款人　　复核　　开票人　TY2Y3330　　销售方(章)

第二联 发票联 购买方记账凭证

附件 4—41

山西增值税电子普通发票

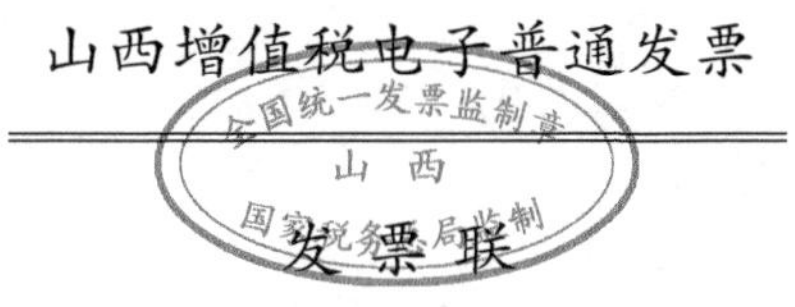

发票联

发票代码:01400160011
发票号码:04115557
开票日期:2017 年 12 月 18 日
机器编号:499099444458　　校 验 码:022585879936784

购买方	名　　称:山西安特风机制造有限公司 纳税人识别号:1401066123 地 址 、电 话:太原市大兴路 21 号　0351—4023568 开户行及账号:建设银行太原市分行迎新支行　1004560088					密码区	略 现金付讫	
货物或应税劳务、服务名称	规格型号	单位	数量	单价	金 额	税 率	税 额	
本次实缴费用					400.00			
合　计					¥400.00			
价税合计(大写)	肆佰元整				(小写) ¥400.00			
销售方	名　　称:中国联合网络通讯有限公司太原市分公司 纳税人识别号:1401157282 地 址 、电 话:太原市大兴路 110 号 0351—3662251 开户行及账号:浦发银行建设路支行 512000476					备注	本月 201712; 业务号码 0351—4023568	

收款人　　复核　　开票人　TY2Y3330　　销售方(章)

第二联 发票联 购买方记账凭证

附件 4—42

山西增值税专用发票

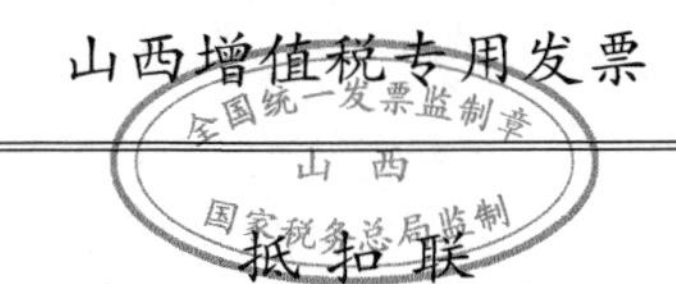

1400074580 　　　　№ 00455212

抵扣联

开票日期：2017 年 12 月 20 日

购买方	名　　称：山西安特风机制造有限公司 纳税人识别号：1401066123 地 址 、电 话：太原市大兴路 21 号 0351—4023568 开户行及账号：建设银行太原市分行迎新支行 1004560088					密码区	略
货物或应税劳务、服务名称	**规格型号**	**单位**	**数量**	**单价**	**金额**	**税率**	**税额**
钢板	25mm	吨	20	6 200.00	124 000.00	17%	21 080.00
铝镁合金	A508	千克	5 840	25.00	146 000.00	17%	24 820.00
合　计					￥270 000.00		￥45 900.00
价税合计（大写）	叁拾壹万伍仟玖佰元整				（小写）￥315 900.00		
销售方	名　　称：长治钢铁有限公司 纳税人识别号：1401081255 地 址 、电 话：长治市五一路 2 号 0355—8276525 开户行及账号：中国银行长治市分行建设支行 21213502					备注	长治钢铁有限公司 1401081255 发票专用章

第二联 抵扣联 购买方扣税凭证

收款人 刘刚　　复核 刘刚　　开票人 高强　　销售方（章）

附件 4—43

山西增值税专用发票

1400074580 　　　　№ 00455212

发票联

开票日期：2017 年 12 月 20 日

购买方	名　　称：山西安特风机制造有限公司 纳税人识别号：1401066123 地 址 、电 话：太原市大兴路 21 号 0351—4023568 开户行及账号：建设银行太原市分行迎新支行 1004560088					密码区	略
货物或应税劳务、服务名称	**规格型号**	**单位**	**数量**	**单价**	**金额**	**税率**	**税额**
钢板	25mm	吨	20	6 200.00	124 000.00	17%	21 080.00
铝镁合金	A508	千克	5 840	25.00	146 000.00	17%	24 820.00
合　计					￥270 000.00		￥45 900.00
价税合计（大写）	叁拾壹万伍仟玖佰元整				（小写）￥315 900.00		
销售方	名　　称：长治钢铁有限公司 纳税人识别号：1401081255 地 址 、电 话：长治市五一路 2 号 0355—8276525 开户行及账号：中国银行长治市分行建设支行 21213502					备注	长治钢铁有限公司 1401081255 发票专用章

第三联 发票联 购买方记账凭证

收款人 刘刚　　复核 刘刚　　开票人 高强　　销售方（章）

附件 4—44

入库凭单

送货单位 长治钢铁有限公司　　　　2017 年 12 月 20 日第 3 号

品　名	规　格	单　位	原送数量	实收数量	单　价	金额							
						十	万	千	百	十	元	角	分
钢板	25mm	吨	20	20	6 200.00	1	2	4	0	0	0	0	0
铝镁合金	A508	千克	5 840	5 840	25.00	1	4	6	0	0	0	0	0
合　计						2	7	0	0	0	0	0	0

第二联　会计存

保管员　夏烨　　　　送货单位负责人　　　　送货人　王山

附件 4—45

山西增值税普通发票

1400074140　　　　　　№ 8276493

发票联

开票日期:2017 年 12 月 22 日

购买方	名　　称:山西安特风机制造有限公司 纳税人识别号:1401066123 地 址 、电 话:太原市大兴路 21 号 0351—4023568 开户行及账号:建设银行太原市分行迎新支行　1004560088				密码区	略 现金付讫	
货物或应税劳务、服务名称	规格型号	单位	数量	单价	金额	税率	税额
住宿费					1 650.94	6%	99.06
合　计					¥1 650.94		¥99.06
价税合计(大写)	壹仟柒佰伍拾元整				(小写) ¥1 750.00		
销售方	名　　称:山西锦江之星酒店有限责任公司 纳税人识别号:1400345789 地 址 、电 话:太原市中环街 80 号 0351—5566782 开户行及账号:工商银行中环街支行 101200187				备注	山西锦江之星酒店有限责任公司 1400345789 发票专用章	

第二联　发票联　购买方记账凭证

收款人　叶红　　　复核　季云　　　开票人　史强　　　销售方(章)

附件 4—46

山西增值税专用发票

1400074140　　　　　　　　　　№ 00505017

记账联　　　　　　　　　　开票日期：2017 年 12 月 22 日

<table>
<tr><td>购买方</td><td colspan="5">名　　　称：山西晋科商贸有限公司
纳税人识别号：1401057358
地 址 、电 话：向兰路 78 号　0351—2288060
开户行及账号：向兰信用社　72003321</td><td>密码区</td><td colspan="2">略</td></tr>
<tr><td>货物或应税劳务、服务名称</td><td>规格型号</td><td>单位</td><td>数量</td><td>单价</td><td>金额</td><td>税率</td><td colspan="2">税额</td></tr>
<tr><td>高压矿用鼓风机</td><td>4-73NO8D</td><td>台</td><td>50</td><td>11 800.00</td><td>590 000.00</td><td>17%</td><td colspan="2">100 300.00</td></tr>
<tr><td>离心通风机</td><td>9-20NO5A</td><td>台</td><td>30</td><td>9 500.00</td><td>285 000.00</td><td>17%</td><td colspan="2">48 450.00</td></tr>
<tr><td>合　计</td><td></td><td></td><td></td><td></td><td>¥875 000.00</td><td></td><td colspan="2">¥148 750.00</td></tr>
<tr><td>价税合计（大写）</td><td colspan="8">壹佰零贰万叁仟柒佰伍拾元整　　　　（小写）¥1 023 750.00</td></tr>
<tr><td>销售方</td><td colspan="5">名　　　称：山西安特风机制造有限公司
纳税人识别号：1401066123
地 址 、电 话：太原市大兴路 21 号 0351—4023568
开户行及账号：建设银行太原市分行迎新支行　1004560088</td><td>备注</td><td colspan="2">山西安特风机制造有限公司 1401066123 发票专用章</td></tr>
</table>

第一联　记账联　销售方记账凭证

收款人　林丁　　　复核　张伟　　　开票人　曹小阳　　　销售方（章）

附件 4—47

出 库 单

付给 山西晋科商贸有限公司　　　　2017 年 12 月 22 日　　　　№ 0392499

<table>
<tr><td colspan="2" rowspan="2">品　名</td><td colspan="2" rowspan="2">规　格</td><td colspan="2" rowspan="2">单位</td><td colspan="2" rowspan="2">数　量</td><td rowspan="2">单　价</td><td colspan="8">金　额</td></tr>
<tr><td>十</td><td>万</td><td>千</td><td>百</td><td>十</td><td>元</td><td>角</td><td>分</td></tr>
<tr><td colspan="2">高压矿用鼓风机</td><td colspan="2">4-73NO8D</td><td colspan="2">台</td><td colspan="2">50</td><td></td><td></td><td></td><td></td><td></td><td></td><td></td><td></td><td></td></tr>
<tr><td colspan="2">离心通风机</td><td colspan="2">9-20NO5A</td><td colspan="2">台</td><td colspan="2">30</td><td></td><td></td><td></td><td></td><td></td><td></td><td></td><td></td><td></td></tr>
<tr><td colspan="2"></td><td colspan="2"></td><td colspan="2"></td><td colspan="2"></td><td></td><td></td><td></td><td></td><td></td><td></td><td></td><td></td><td></td></tr>
<tr><td>负责人</td><td>常在</td><td>仓库负责人</td><td>李明</td><td>出库经手人</td><td>夏烨</td><td>开票</td><td>林丁</td><td>合计</td><td></td><td></td><td></td><td></td><td></td><td></td><td></td><td></td></tr>
</table>

附件 4—48

中国建设银行（晋）

转账支票存根

$\frac{E}{0}\frac{K}{2}$01269439

石家庄石钞证券印制有限责任公司.2017年印制

附加信息

出票日期　2017 年 12 月 22 日

收款人:山西万达培训学校
金　额:￥35 400.00
用　途:培训费

单位主管　刘生　　会计　王红

附件 4—49

山西增值税普通发票

1400074140　　　　No 8276493

发票联

开票日期:2017 年 12 月 22 日

购买方	名　　称:山西安特风机制造有限公司 纳税人识别号:1401066123 地 址 、电 话:太原市大兴路 21 号 0351—4023568 开户行及账号:建设银行太原市分行迎新支行 1004560088					密码区	略
货物或应税劳务、服务名称	规格型号	单位	数量	单价	金额	税率	税额
培训费					34 368.93	3%	1 031.07
合　计					￥34 368.93		￥1 031.07
价税合计(大写)	叁万伍仟肆佰元整				（小写）￥35 400.00		
销售方	名　　称:山西万达培训学校 纳税人识别号:1400567887 地 址 、电 话:太原市晋阳街 36 号 0351—7698887 开户行及账号:兴业银行太原迎泽支行 1085400216					备注	山西万达培训学校 1400567887 发票专用章

第二联　发票联　购买方记账凭证

收款人　刘玲　　复核　刘玉　　开票人　刘浩　　销售方(章)

附件 4—50

山西增值税普通发票

1400074140　　　　　　№ 072564312

发票联

开票日期:2017 年 12 月 23 日

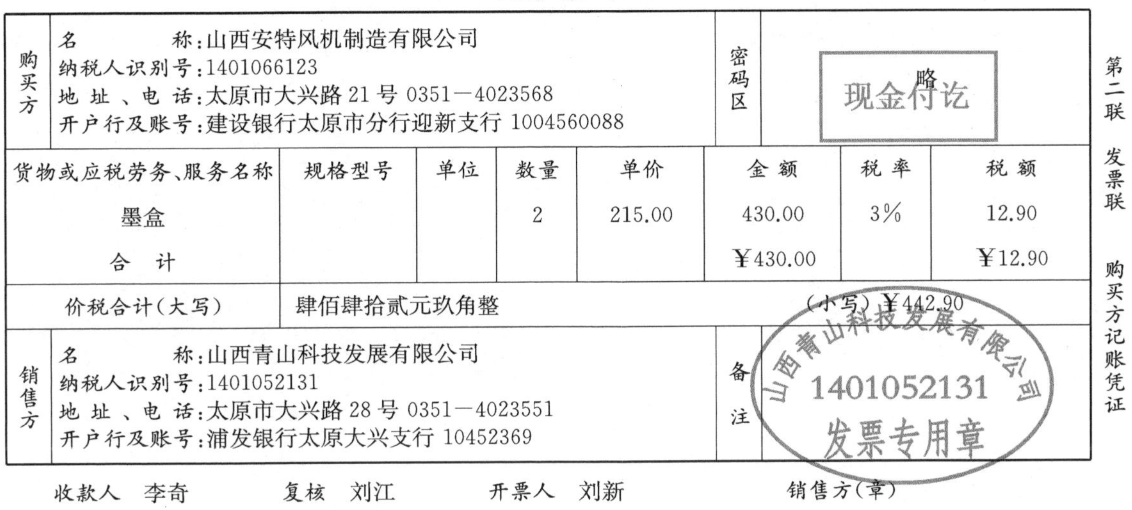

购买方	名　　称:山西安特风机制造有限公司 纳税人识别号:1401066123 地 址 、电 话:太原市大兴路 21 号 0351—4023568 开户行及账号:建设银行太原市分行迎新支行 1004560088				密码区	略 现金付讫		
货物或应税劳务、服务名称	规格型号	单位	数量	单价	金额	税率	税额	
墨盒			2	215.00	430.00	3%	12.90	
合　计					¥430.00		¥12.90	
价税合计(大写)	肆佰肆拾贰元玖角整				(小写)¥442.90			
销售方	名　　称:山西青山科技发展有限公司 纳税人识别号:1401052131 地 址 、电 话:太原市大兴路 28 号 0351—4023551 开户行及账号:浦发银行太原大兴支行 10452369				备注	山西青山科技发展有限公司 1401052131 发票专用章		

第二联　发票联　购买方记账凭证

收款人　李奇　　　复核　刘江　　　开票人　刘新　　　销售方(章)

附件 4—51

中国建设银行 China Construction Bank

中国建设银行单位客户专用回单

币种:人民币　　　　2017 年 12 月 23 日　　　　流水号:

户名:山西安特风机制造有限公司			账号:1004560088		
计息项目	起息日	结息日	本金/积数	利率%	利息
活期利息	2017-09-21	2017-12-21	218 999 999.00	0.300000	¥1 800.00
金额(大写)人民币壹仟捌佰元整					¥1 800.00
上列存款利息,已照收你单位 1004560088 账户			打印柜员:140815508001 打印机构:建行太原迎新支行 打印卡号:6235101255445		

中国建设银行 电子回单专用章

打印时间:2017-12-23　　　　交易柜员:　　　　交易机构:

附件 4—52

中国建设银行（晋）
现金支票存根
$\frac{E}{0}\frac{K}{2}$03212525

石家庄石钞证券印制有限责任公司. 2017年印制

附加信息

出票日期　2017 年 12 月 26 日

收款人:山西安特风机制造有限公司
金　额:¥10 000.00
用　途:备用金

单位主管　刘生　　会计　王红

附件 4—53

中国建设银行（晋）
转账支票存根
$\frac{E}{0}\frac{K}{2}$01269441

石家庄石钞证券印制有限责任公司. 2017年印制

附加信息

出票日期　2017 年 12 月 26 日

收款人:太原市自来水公司
金　额:¥4 579.20
用　途:水费

单位主管　刘生　　会计　王红

附件 4—54

山西增值税专用发票

14000086721　　　　№ 00823020

发票联

开票日期:2017 年 12 月 26 日

购买方	名　　称:山西安特风机制造有限公司 纳税人识别号:1401066123 地 址 、电 话:太原市大兴路 21 号 0351—4023568 开户行及账号:建设银行太原市分行迎新支行　1004560088				密码区	略	
货物或应税劳务、服务名称	规格型号	单位	数量	单价	金额	税率	税额
水		吨	1 080	4	4 320.00	6%	259.20
合计					¥4 320.00		¥259.20
价税合计(大写)	肆仟伍佰柒拾玖元贰角整				(小写)¥4 579.20		
销售方	名　　称:太原市自来水公司 纳税人识别号:1401030005 地 址 、电 话:太原市杏花路 23 号 0351—3091833 开户行及账号:太原市工商银行营业部　1004210				备注	太原市自来水公司 1401030005 发票专用章	

收款人　杨阳　　复核　杨阳　　开票人　李国庆　　销售方(章)

第三联　发票联　购买方记账凭证

附件 4—55

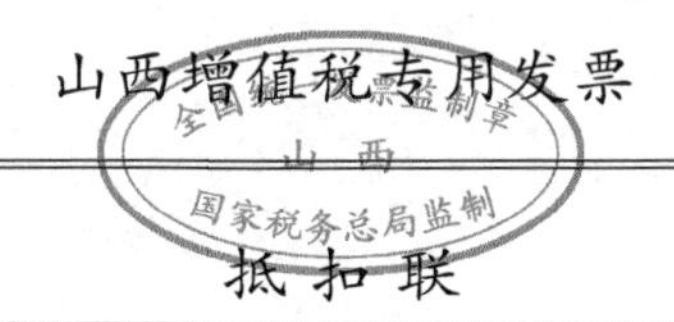

山西增值税专用发票

14000086721　　　　№ 00823020

抵扣联

开票日期:2017 年 12 月 26 日

购买方	名　　称:山西安特风机制造有限公司 纳税人识别号:1401066123 地 址 、电 话:太原市大兴路 21 号 0351—4023568 开户行及账号:建设银行太原市分行迎新支行　1004560088				密码区	略	
货物或应税劳务、服务名称	规格型号	单位	数量	单价	金额	税率	税额
水		吨	1 080	4	4 320.00	6%	259.20
合计					¥4 320.00		¥259.20
价税合计(大写)	肆仟伍佰柒拾玖元贰角整				(小写)¥4 579.20		
销售方	名　　称:太原市自来水公司 纳税人识别号:1401030005 地 址 、电 话:太原市杏花路 23 号 0351—3091833 开户行及账号:太原市工商银行营业部　1004210				备注	太原市自来水公司 1401030005 发票专用章	

收款人　杨阳　　复核　杨阳　　开票人　李国庆　　销售方(章)

第二联　抵扣联　购买方扣税凭证

附件 4—56

中国建设银行　进账单（收账通知）　3

2017 年 12 月 28 日

<table>
<tr><td rowspan="3">出票人</td><td>全　称</td><td>山西晋科商贸有限公司</td><td rowspan="3">收款人</td><td>全　称</td><td colspan="11">山西安特风机制造有限公司</td></tr>
<tr><td>账　号</td><td>72003321</td><td>账　号</td><td colspan="11">1004560088</td></tr>
<tr><td>开户银行</td><td>向兰信用社</td><td>开户银行</td><td colspan="11">建设银行太原市分行迎新支行</td></tr>
<tr><td rowspan="2">金额</td><td colspan="4" rowspan="2">人民币（大写）伍拾万元整</td><td>亿</td><td>千</td><td>百</td><td>十</td><td>万</td><td>千</td><td>百</td><td>十</td><td>元</td><td>角</td><td>分</td></tr>
<tr><td></td><td></td><td>¥</td><td>5</td><td>0</td><td>0</td><td>0</td><td>0</td><td>0</td><td>0</td><td>0</td></tr>
<tr><td>票据种类</td><td>转账支票</td><td>票据张数</td><td colspan="2">1</td><td colspan="11" rowspan="3">中国建设银行股份有限公司
太原迎新支行
2017.12.28
办讫
收款人开户银行盖章</td></tr>
<tr><td>票据号码</td><td colspan="4"></td></tr>
<tr><td>复核</td><td colspan="4">记账</td></tr>
</table>

此联是收款人开户银行交给收款人的收账通知

附件 4—57

支付申请

申请单位：供应部　　2017 年 12 月 29 日　　№ 3512

收款单位	上海宝华实业股份有限公司	经办人 李刚
开户银行及账号	中国银行淮海路支行　245678900	
住址及电话号码	淮海路 288 号　44466698	经办单位负责人　李明
用　途	货款	
预　算		审批人　赵强
汇出金额	壹拾伍万零仟零佰零拾零元零角零分 ¥150 000.00	
备　注		复核人　刘生

附件 4－58

中国建设银行单位客户专用回单

币种：人民币　　2017 年 12 月 29 日　　流水号：140000100000NGPXXDGH

<table>
<tr><td rowspan="3">付款人</td><td>全　称</td><td>山西安特风机制造有限公司</td><td rowspan="3">收款人</td><td>全　称</td><td>上海宝华实业股份有限公司</td></tr>
<tr><td>账　号</td><td>1004560088</td><td>账　号</td><td>245678900</td></tr>
<tr><td>开户银行</td><td>建设银行太原市分行迎新支行</td><td>开户银行</td><td>中国银行淮海路支行</td></tr>
<tr><td>金额</td><td colspan="5">（大写）人民币壹拾伍万元整　　（小写）￥150 000.00</td></tr>
<tr><td colspan="2">凭证种类</td><td>电汇凭证</td><td colspan="2">凭证号码</td><td></td></tr>
<tr><td colspan="2">结算方式</td><td>转账</td><td colspan="2">用　途</td><td>货款</td></tr>
<tr><td colspan="3">汇款交易日期：20171229　支付清算业务类型：A100
汇款合约编号：033520170011
实际付款人账户：1004560088
实际付款人户名：山西安特风机制造有限公司</td><td colspan="3">打印柜员：140815508001
打印机构：建行太原迎新支行
打印卡号：6235101255445
汇款附言：货款
（印章：中国建设银行 电子回单专用章）</td></tr>
</table>

打印时间：2017－12－29　　交易柜员：999999　　交易机构：140001000

附件 4－59

中国建设银行单位客户专用回单

币种：人民币　　2017 年 12 月 29 日　　流水号：140000100255NGPXXDGH

<table>
<tr><td colspan="2">户名：山西安特风机制造有限公司</td><td>账号：1004560088</td></tr>
<tr><td>项目名称</td><td>工本费/转账汇款手续费/手续费</td><td>金　额</td></tr>
<tr><td>自定义</td><td>25.00</td><td>25.00</td></tr>
<tr><td></td><td></td><td></td></tr>
<tr><td></td><td></td><td></td></tr>
<tr><td></td><td></td><td></td></tr>
<tr><td>金额合计</td><td colspan="2">（大写）人民币贰拾伍元整　　￥25.00</td></tr>
<tr><td colspan="2">付款方式：转账
类型：收费项目：对公人民币转账、汇款（含退汇）
摘要：自定义</td><td>打印柜员：140815508012
打印机构：建行太原迎新支行
打印卡号：6235101255475
（印章：中国建设银行 电子回单专用章）</td></tr>
</table>

打印时间：2017－12－29　　交易柜员：　　交易机构：

附件 4—60

支 付 申 请

申请单位(章)　　2017 年 12 月 30 日　　№

收 款 单 位	太原市钢材厂	经办人　李刚
开户银行及账号	中国银行太原市分行五一支行　212144085	
住址及电话号码	太原市迎泽街 215 号	经办单位负责人　李明
用　途	货款	
预　算		审批人　赵强
汇 出 金 额	贰拾零万零仟零佰零拾零元零角零分 ￥200 000.00	
备　注		复核人　刘生

附件 4—61

中国建设银行（晋）

转账支票存根

$\frac{E}{0}\frac{K}{2}$01269443

石家庄石钞证券印制有限责任公司.2017年印制

附加信息

出票日期　2017 年 12 月 30 日

收款人:太原市钢材厂
金　额:￥200 000.00
用　途:货款

单位主管　刘生　　会计　王红

附件 4—62

中国建设银行（晋）

转账支票存根

$\frac{E}{0}\frac{K}{2}$01269445

石家庄石钞证券印制有限责任公司.2017年印制

附加信息

出票日期　2017 年 12 月 30 日

收款人：太原市供电局
金　额：¥29 764.80
用　途：电费

单位主管　刘生　　会计　王红

附件 4—63

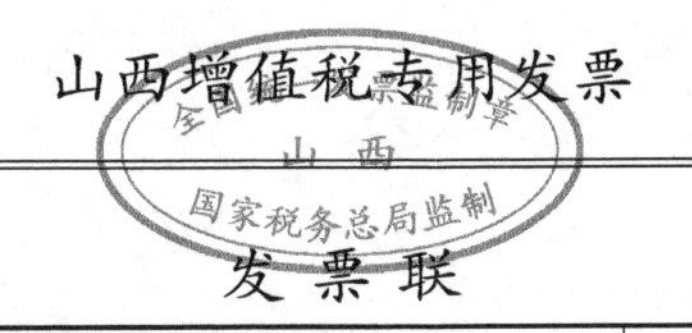

山西增值税专用发票

1400181475　　　　№ 00842620

发　票　联

开票日期：2017 年 12 月 30 日

购买方	名　　称：山西安特风机制造有限公司 纳税人识别号：1401066123 地 址 、电 话：太原市大兴路 21 号 0351—4023568 开户行及账号：建设银行太原市分行迎新支行　1004560088				密码区	略	
货物或应税劳务、服务名称	规格型号	单位	数量	单价	金 额	税 率	税 额
电		度	31 800	0.80	25 440.00	17%	4 324.80
合　计					¥25 440.00		¥4 324.80
价税合计（大写）	贰万玖仟柒佰陆拾肆元捌角整				（小写）¥29 764.80		
销售方	名　　称：太原市供电局 纳税人识别号：14010127003 地 址 、电 话：太原市汾河路 15 号 0351—4443332 开户行及账号：太原工商银行迎泽支行　100256				备注	太原市供电局 14010127003 发票专用章	

第三联 发票联 购买方记账凭证

收款人　乔羽　　复核　乔羽　　开票人　关茜　　销售方（章）

附件 4—64

山西增值税专用发票

1400181475　　　　　　　　　　　　　　№ 00842620

抵扣联

开票日期:2017 年 12 月 30 日

购买方	名　　　称:山西安特风机制造有限公司 纳税人识别号:1401066123 地 址 、电 话:太原市大兴路 21 号 0351—4023568 开户行及账号:建设银行太原市分行迎新支行　1004560088					密码区	略	
货物或应税劳务、服务名称	规格型号	单位	数量	单价	金　额	税　率	税　额	
电		度	31 800	0.80	25 440.00	17%	4 324.80	
合　计					¥25 440.00		¥4 324.80	
价税合计(大写)	贰万玖仟柒佰陆拾肆元捌角整				(小写)¥29 764.80			
销售方	名　　　称:太原市供电局 纳税人识别号:14010127003 地 址 、电 话:太原市汾河路 15 号 0351—4443332 开户行及账号:太原工商银行迎泽支行　100256					备注	太原市供电局 14010127003 发票专用章	

第二联 抵扣联 购买方扣税凭证

收款人　乔羽　　　　复核　乔羽　　　　开票人　关茜　　　　销售方(章)

附件 4—65

领　料　单

领料单位 基本生产车间　　　　2017 年 12 月 31 日　　　　第 1 号

编　号	品　名	规　格	单位	请领数量	实发数量	单　价	金　额	备注
101	钢板	25mm	吨	40	40	6 000.00	240 000.00	
102	铝镁合金	A508	千克	10 500	10 500	24.00	252 000.00	
领料用途	高压矿用鼓风机生产					合计	492 000.00	

第三联 会计凭证

供应部门负责人　李明　　发料　夏烨　　领料　肖云　　制单　肖云　　领料部门负责人　赵运来

附件 4—66

领　料　单

领料单位 基本生产车间　　　　2017 年 12 月 31 日　　　　第 2 号

编　号	品　名	规　格	单位	请领数量	实发数量	单　价	金　额	备注
101	钢板	25mm	吨	10	10	6 000.00	60 000.00	
102	铝镁合金	A508	千克	7 500	7 500	24.00	180 000.00	
领料用途	离心通风机生产					合计	240 000.00	

第三联　会计凭证

供应部门负责人 李明　　发料 夏烨　　领料 肖云　　制单 肖云　　领料部门负责人 赵运来

附件 4—67

领　料　单

领料单位 基本生产车间　　　　2017 年 12 月 31 日　　　　第 3 号

编　号	品　名	规　格	单位	请领数量	实发数量	单　价	金　额	备注
103	润滑油	CL-4	桶	5	5	490	2 450.00	
领料用途	物料消耗					合计	2 450.00	

第三联　会计凭证

供应部门负责人 李明　　发料 夏烨　　领料 肖云　　制单 肖云　　领料部门负责人 赵运来

附件 4—68

领　料　单

领料单位 销售部门　　　　2017 年 12 月 31 日　　　　第 4 号

编　号	品　名	规　格	单位	请领数量	实发数量	单　价	金　额	备注
103	润滑油	CL-4	桶	1	1	490	490.00	
领料用途	其他耗用					合计	490.00	

第三联　会计凭证

供应部门负责人 李明　　发料 夏烨　　领料 梁芸　　制单 梁芸　　领料部门负责人 郭嘉

附件 4—69

领 料 单

领料单位 管理部门　　　　2017 年 12 月 31 日　　　　第 5 号

编 号	品 名	规 格	单位	请领数量	实发数量	单 价	金 额	备注
103	润滑油	CL-4	桶	1	1	490	490.00	
领料用途	其他耗用					合计	490.00	

第三联 会计凭证

供应部门负责人 李明　　发料 夏烨　　领料 张林　　制单 张林　　领料部门负责人 胡广豪

附件 4—70

发料凭证汇总表

2017 年 12 月 31 日

领用部门	钢板		铝镁合金		润滑油		合 计
	数量（吨）	金额	数量（千克）	金额	数量（桶）	金额	
高压矿用鼓风机	40	240 000	10 500	252 000			492 000
离心通风机	10	60 000	7 500	180 000			240 000
基本生产车间					5	2 450	2 450
销售部门					1	490	490
管理部门					1	490	490
合 计	50	300 000	18 000	432 000	7	3 430	735 430

主管 刘生　　审核 赵玲　　供应部门 夏烨

附件 4—71

工资结算汇总表

2017 年 12 月 31 日　　单位：元

车间、部门		应分配工资
车间工人工资	高压矿用鼓风机生产工人	173 680.00
	离心通风机生产工人	119 870.00
	车间管理人员	40 400.00
	车间工人工资小计	333 950.00
行政管理人员		104 000.00
销售部门		34 200.00
合 计		472 150.00

主管 刘生　　审核 赵玲　　制表 王红

附件 4—72

社会保险计算表

2017 年 12 月 31 日　　　　单位:元

车间、部门		工资总额	提取比例	社会保险费
车间工人工资	高压矿用鼓风机生产工人	173 680	32%	55 577.60
	离心通风机生产工人	119 870	32%	38 358.40
	车间管理人员	40 400	32%	12 928
	车间工人工资小计	333 950	32%	106 864
行政管理人员		104 000	32%	33 280
销售部门		34 200	32%	10 944
合　计		472 150	32%	151 088

主管 刘生　　　　审核 赵玲　　　　制表 王红

附件 4—73

固定资产折旧计算表

2017 年 12 月 31 日　　　　单位:元

使用单位部门	上月固定资产折旧额	上月增加固定资产应计提折旧额	上月减少固定资产应计提折旧额	本月应计提折旧额
生产车间	21 944.50			21 944.50
厂部	4 481.50			4 481.50
合　计	26 426.00			26 426.00

主管 刘生　　　　审核 赵玲　　　　制表 王红

附件 4—74

水费分配表

2017 年 12 月 31 日　　　　单位:元

用电部门	耗水量	分配率	分配金额
基本生产车间	650	4	2 600
行政管理部门	230	4	920
销售部	200	4	800
合　计	1 080	4	4 320

主管 刘生　　　　审核 赵玲　　　　制表 王红

附件 4—75

电费分配表

2017 年 12 月 31 日　　　　单位:元

用电部门	耗电量	分配率	分配金额
基本生产车间	12 000	0.8	9 600
行政管理部门	10 800	0.8	8 640
销售部	9 000	0.8	7 200
合　计	31 800	0.8	25 440

主管　刘生　　　　审核　赵玲　　　　制表　王红

附件 4—76

利息费用计提表

2017 年 12 月 31 日　　　　单位:元

费　用	本　金	月利率	月利息
财务费用	1 500 000.00	0.5%	7 500.00

主管　刘生　　　　审核　赵玲　　　　制表　王红

附件 4—77

(短期借款)利息清单

币种:人民币　　　　2017 年 12 月 31 日　　　　流水号:

户名　山西安特风机制造有限公司			账号　1004560088		
计息项目	起息日	结息日	本金/积数	利　率	利　息
短期借款	10.1	12.31	1 500 000 000.00	6%	¥22 500.00
合计(大写)	贰万贰仟伍佰元整				¥22 500.00
			中国建设银行股份有限公司 太原迎新支行 2017.12.31 银行签章		

第二联　客户回单

会计主管　　　　授权　　　　复核　赵欣　　　　录入　张晶

附件 4—78

坏账准备计算表

2017 年 12 月 31 日　　单位:元

“坏账准备”期初余额	本期增加	本期减少	“坏账准备”期末余额
4 500.00			4 500.00
“应收账款”期末余额	计提比例	应提坏账准备	补提坏账准备
1 143 750.00	5‰	5 718.75	1 218.75

主管　刘生　　审核　赵玲　　制表　王红

附件 4—79

工时利用表

2017 年 12 月 31 日

产品名称	工　时	备　注
高压矿用鼓风机	6 400	
离心通风机	3 600	
合　计	10 000	

车间主任　赵运来　　车间统计　黄璐

附件 4—80

制造费用分配表

2017 年 12 月 31 日　　单位:元

产品名称	分配标准(工时)	分配率	分配金额
高压矿用鼓风机	6 400		
离心通风机	3 600		
合　计	10 000		

主管　刘生　　审核　赵玲　　制表　王红

附件 4—81

产品入库通知单

2017 年 12 月 31 日

名　称	规格	单位	成品	合格品	次品	废品	备注
高压矿用鼓风机	4-73NO8D	台	95	95			
合　计			95	95			

车间质检员　王佳　　保管　夏烨

附件 4—82

产品成本计算单

高压矿用鼓风机　　2017 年 12 月 31 日　　单位:元

项　目	数量	直接材料	直接人工	制造费用	合计
月初在产品成本					
本月生产费用					
完工产品成本					
完工产品单位成本					

主管　刘生　　审核　赵玲　　制表　王红

附件 4—83

已销商品成本计算表

2017 年 12 月 31 日　　单位:元

产品名称		高压矿用鼓风机	离心通风机	合　计
计量单位		台	台	
月初结存	数量	20	80	
	总成本	160 000	480 000	640 000
本月入库	数量	95		
	总成本			
本月销售	数量	68	60	
	总成本			
月末结存	数量			
	总成本			

主管　刘生　　审核　赵玲　　制表　王红

附件 4—84

税金及附加计算表

2017 年 12 月 31 日　　单位:元

税　目	增值税	税率	应交金额
城市维护建设税		7%	
教育费附加		3%	
合　计			

主管　刘生　　审核　赵玲　　制表　王红

附件 4—85

损益类账户发生额表

2017 年 12 月 31 日　　单位:元

账户名称	借方发生额	贷方发生额	净发生额
主营业务收入			
主营业务成本			
税金及附加			
管理费用			
销售费用			
财务费用			
合　计			

主管　刘生　　审核　赵玲　　制表　王红

附件 4—86

所得税计算表

2017 年 12 月 31 日　　单位:元

应纳税所得额	税　率	应交所得税
	25%	

主管　刘生　　审核　赵玲　　制表　王红

附件 4—87

法定盈余公积计算表

2017 年 12 月 31 日　　单位:元

项　目	计提基数	计提比例	计提金额
法定盈余公积			

主管　刘生　　审核　赵玲　　制表　王红

附件 4—88

利润分配方案

山西安特风机制造有限公司董事会于 2017 年 12 月召开了第三次董事会,对本年利润分配情况做如下决定:

为保证公司今后发展需要,根据本年实现利润情况,决定将本年净利润的 50%按照年初投资比例进行分配,并在 2018 年 3 月向投资者发放股利。

董事会

2017 年 12 月 31 日

【实务操作指导】

这是一个比较完整的基础会计核算实务，在操作时应注意各步骤、各环节的内在联系，充分做好各环节的衔接工作。

一、注意事项

1.在山西安特风机制造有限公司 2017 年 12 月发生的经济业务中，有些会计处理需要学生运用会计职业判断能力。在操作时，大家可以进行讨论，看怎么处理比较好。

2.在实务操作时，学生可交换填制好的记账凭证，相互审核，发现问题，解决问题。

3.月末有部分自制原始凭证，学生需要自己填制。在操作时，要进行思考，掌握原理，解决难题，顺利完成实训任务。

二、会计实务用品

本次实务应配备总账、现金日记账、银行存款日记账、甲式明细账、乙式明细账、多栏式明细账、应交增值税明细账、固定资产明细账、红蓝口取纸、通用记账凭证、记账凭证汇总表、资产负债表、利润表、会计凭证装订封皮、会计报表封皮等会计实务用品。

在操作时指导老师应详细介绍原材料、库存商品等存货账户的登记。

第五章　基础会计纳税申报实务

金税三期系统概况

金税工程是经国务院批准的国家级电子政务工程，是国家电子政务“十二金”工程之一，是税收管理信息系统工程的总称。自 1994 年开始，历经金税一期、金税二期、金税三期工程建设，为我国税收工作取得巨大成就和不断进步作出了重要的贡献。

一、金税工程的发展

1994 年，国家税务总局启动建设增值税专用发票交叉稽核系统，即金税一期。2001 年开始运作金税二期工程，从开票、认证、报税到稽核、稽查等环节进行全面监控，主要监控对象仍是增值税专用发票。2005 年开始，为实现“业务一体化、技术一体化、系统一体化”，实施金税三期工程建设。2013 年，金税三期工程经过在重庆、山东、山西、广东、内蒙古、河南、河北、宁夏、贵州、云南、广西等国税、地税局试点上线后，现已在全国范围逐步推广应用。金税三期实现了全国税收征管与服务的统一规范，系统功能更强大，内容更完备，运行更流畅，最主要的是实现国税、地税和其他部门的联网，是税务机关为纳税人提供方便、快捷、优质、全面的税收服务的坚实基础。

二、金税三期优化系统的主要特点

1. 实现业务规范统一化、税收管理规范化和制度化

金税三期优化系统通过统一税务标准代码体系，实现税务事项及类型的规范统一；通过统一表单文书标准，实现全国范围内的数据采集相对完整、逻辑相对严谨、覆盖面广的业务需求。

2. 覆盖全业务

金税三期优化系统业务框架实现了全覆盖，即覆盖各层级国税、地税机关征管的全部税(费)种，覆盖对纳税人税务管理的各个工作环节。

3. 简化涉税事项

金税三期优化系统以简捷、高效为目标，优化重组业务，精简处理环节，实现税务事项的多业务处理模式。以流程管理为导向,以"减轻纳税人不必要的办税负担、减轻基层税务机关额外的工作负担"为原则,简并了涉税事项、流程和表单。

4. 加强纳税风险管理

引入风险管理理念,将提高税法遵从度作为税收管理的战略目标;立足于风险防范,着眼预警提醒,聚焦高风险领域和对象。

5. 建设信息化纳税服务平台

金税三期优化系统引入以纳税人为中心的业务理念,突出个性化服务,建设能提供多种渠道组合的、协同服务的信息化服务平台。为纳税人提供多样化的服务手段和统一的服务内容,能够提供网上、电话等多种办税服务渠道以及提供涉税事项处理、信息查询、推送与发布、双向交流互动等全方位的服务,从而满足纳税人多方位的纳税服务需求。

6. 实现信息共享和外部涉税信息管理

金税三期优化系统通过建设国税、地税统一标准的核心征管应用系统,实现国税、地税业务交互、信息实时共享,加强共管户的管理,实现联合登记、联合双定户核定、联合信用等级评定、申报信息共享,提高双方信息采集准确率,达到国税、地税双方强化税源管理、提高税源管理水平的目的。并通过双方信息的共享共用,优化办税程序,减轻纳税人的税收负担,提高纳税服务水平。以外部涉税信息交互为基础,充分利用现代信息技术手段,构建全国统一的外部信息管理系统和信息交换通道,形成以涉税信息的采集、整理、应用为主线的管理体系,为强化税源管理提供外部信息保障。

三、金税三期网上报税系统操作指南

金税三期网报系统依托"国家税务总局网上办税服务厅"网站实现,将分期实现税务登记、申报征收、发票管理、税收认定、税收证明、税收优惠、征纳互动等服务功能。

(一)纳税人计算机准备

纳税人初次进行网上申报,需要在网上办税服务厅系统进行注册。注册成功后,纳税人可通过注册的用户名、密码直接登录网上报税系统,办理网上申报、缴税等业务(纳税人可在计算机上直接下载服务助手,注册完成后就可使用)。

(二)网上报税具体操作步骤

单位纳税人办理申报时,点击服务助手——申报平台,登录××省国家税务局、××省地方税务局网上服务平台,在右方登录框处依次输入【纳税人识别号】【密码】和【验证码】,点击【登录】按钮进入系统。鼠标移动到【申报征收模块】后,点击【我要申报】—【填写报表】后,左边弹出财务报表、增值税申报表、地方税申报表各项目。

1. 财务报表申报

点击财务报表,右方登录框处弹出资产负债表、利润表、现金流量表,点击填写,依次输入相关财务报表的数据后,点击【申报】按钮,进入【申报确认】页面。进入申报确认页面后,确认申报数据无误后,点击【确认】按钮。确认申报信息后,进入【查看回执】页面。打印回执和相关财务报表。

2. 纳税申报

点击增值税申报表、企业所得税申报表,依次填写各种申报表。填制完成后确认申报表,点击【进行申报】—【操作】,查看申报情况,提示【申报成功】。

3. 税(费)缴款

纳税人所有税费申报完毕后,进入【申报征收】—【税(费)缴款】—【征收缴款】模块,选择缴款方式为"实时扣款",点击【确定】按钮,自动进入【缴款确认】页面。选择要扣款的税种后,点击【缴款】按钮,进入【缴款确认】页面。核对要扣款的信息与申报数据一致后,点击【确认】按钮进行划款,点击【确认】按钮,自动进入【缴款回执】。进入【缴款回执】页面后,打印或导出缴款回执和缴款信息。

实务一　增值税纳税申报

【实务操作目的】

通过实务操作,使学生掌握金税三期系统增值税纳税申报操作步骤,熟悉增值税专用发票认证及各种申报表的填写,树立依法纳税意识,提高其对会计纳税申报工作的全面认识和实际操作能力。

【实务操作指导】

一、认证

纳税人取得防伪税控系统开具的增值税专用发票抵扣联,必须在纳税申报之前进行认证。发票认证是指税务机关对增值税一般纳税人取得的防伪税控系统开具的增值税专用发票抵扣联,利用扫描仪自行采集其密文和明文图像,运用识别技术将图像转换成电子数据,然后对发票密文进行解密,并与发票明文逐一核对,以判别其真伪的过程。

(一)认证方式

1. 远程认证

远程认证是由纳税人自行扫描、识别专用发票抵扣联票面信息,生成电子数据,通过网络传输至税务机关,由税务机关完成解密和认证,并将认证结果信息返回纳税人的认证方式。

2. 上门认证

上门认证是指纳税人携带增值税专用发票抵扣联等资料,到税务机关申报征收窗口或者自助办税机(ARM 机)进行认证的方式。

3. 勾选认证

勾选认证是最新的一种认证方式，是指符合条件的纳税人通过特定的网址，查询升级版增值税开票系统开具给自己的增值税发票信息，然后通过勾选和确认的形式完成发票认证。这种认证方式有一定的使用范围。

（二）认证期限

《国家税务总局关于进一步明确营改增有关征管问题的公告》（国家税务总局公告 2017 年第 11 号）规定：自 2017 年 7 月 1 日起，增值税一般纳税人取得的 2017 年 7 月 1 日及以后开具的增值税专用发票和机动车销售统一发票，应自开具之日起 360 日内认证或登录增值税发票选择确认平台进行确认，并在规定的纳税申报期内，向主管国税机关申报抵扣进项税额。

（三）认证清单

认证相符的专用发票（包括人工校正认证相符）认证完毕后，当场向企业下达认证清单，要求企业当场核对发票份数，并返还企业认证相符的增值税专用发票，如附件 5－1 所示。

附件 5－1

专用发票认证清单

企业名称：山西安特风机制造有限公司

纳税人税号：1401066123

序号	发票代码	发票号码	金额	税额
1	2002356003	02426695	144 000.00	24 480.00
2	2001546121	07043870	4 800.00	528.00
3	1400074140	07645269	56 000.00	3 360.00
4	1400074140	00879459	256 000.00	43 520.00
5	1400074580	00455212	270 000.00	45 900.00
6	1400086721	00823020	4 320.00	259.20
7	1400181475	00842620	25 440.00	4 324.80
8	1400007741	00823547	18 800.00	1 128.00

认证份数：8 份

金额合计：779 360.00

税额合计：123 500.00

认证时间：2017－12－30

ARM 编号：体机 70.20.55

认证机关：太原市迎新区国家税务局服务科（办税服务厅）

对于认证不符及密文有误的抵扣联，税务机关暂不予抵扣，并当场扣留做调查处理。未经认证的，不得申报抵扣。

每月认证完毕后，要将当月全部认证的增值税专用发票抵扣联同专用发票认证清单装订成册保存，年度结束后，要将本年度的抵扣联同专用发票认证清单装订在一起，同其他会计资料一并保存。

(四)注意事项

一般纳税人企业取得的增值税专用发票并不都要认证，如红字增值税专用发票不需要认证；纳税人初次购买增值税税控设备，根据政策可以全额抵减应纳税额，因此也不需要进行认证。同时，一般纳税人取得的用于免税事项、简易征收事项和集体福利、个人消费等事项的进项税额，即使取得了增值税专用发票，也不得抵扣。具体有关不得抵扣的进项税额，可参考财税〔2016〕36 号文附件一第二十七条。

二、纳税申报

(一)增值税纳税申报时间

纳税人应按月进行纳税申报，申报期为次月 1 日起至 10 日止(除国庆节、春节外节假日概不顺延)。纳税人实行按期(月、季度、半年、年)申报的，申报期内每个税种只能在网上申报一次，少申报的需要到办税服务厅，由工作人员通过“申报错误更正”办理补充申报。

(二)办理纳税申报

进入金税三期网上申报系统后，点击增值税申报表，依次填列如下报表：

(1)增值税纳税申报表(一般纳税人适用)，见附件 5—2。

(2)增值税纳税申报表附列资料(一)，见附件 5—3。

(3)增值税纳税申报表附列资料(二)，见附件 5—4。

(4)增值税纳税申报表附列资料(四)，见附件 5—5。

(5)增值税纳税申报表附列资料(五)，见附件 5—6。

(6)本期抵扣进项税额结构明细表，见附件 5—7。

(7)增值税减免税申报明细表，见附件 5—8。

(8)固定资产(不含不动产)进项税额抵扣情况表，见附件 5—9。

三、抄税、清卡

增值税一般纳税人开票系统是“金税工程”中的一个子系统，也是一个与抄报税等操作环节密切相关的税收控管软件。

企业作为一般纳税人需要开具增值税专用发票，必须购买税控电脑，申请成为一般纳税人后，须到税务机关指定的单位购买金税盘，防伪税控金税盘是防伪税控系统配套使用的企业端专用设备，该产品基于 USB 接口，通过逐级发行后，可为防伪税控系统提供数据加解密、发票管理、抄报税资料监控等功能 ，即用于开具发票及抄税、购买专票。

抄税是国家通过金税工程来控制增值税专用发票的过程之一。抄税步骤就是把当月金税盘连接电脑，打开防伪开票软件登录，按左上角菜单—报税处理，弹出一个对话框，依次点击【抄税处理】—【远程抄报】，出现数据上传成功界面，点击【确认】，开出的发票信息全部读入税务部门的电脑，以此作为企业计算税额的依据。因此企业于每月最后一天必须对当月所开具的发票情况进行检查，查验所开具的发票是否正确。是否存在错开发票、误作废等情况，发现上述情况必须立即处理，必须确保金税盘电子信息同纸介发票完全一致。抄税完成后，才可以进行纳税申报。

清卡是把你所抄的卡里的信息清空，以便企业下月可以继续进行抄报税工作。申报成功后，纳税人返回开票系统，对税控设备进行清零解锁。点击【远程清卡】，清卡成功后，弹出清卡成功提示框【确认】，清卡结束。

企业应在法定的申报期内办理抄报税手续。无论上月是否购买或开具税控发票，企业都必须在抄报税期内执行“抄税”操作，并到税务机关进行报税，否则企业下月将无法开具税控发票。

【增值税纳税申报实务】

根据第四章山西安特风机制造有限公司 2017 年 12 月的业务资料，办理增值税纳税申报。该实务应配备计算机及安装金税三期网上报税模拟系统。

附件 5—2

增值税纳税申报表(增值税一般纳税人适用)

根据国家税收法律法规及增值税相关规定制定本表,纳税人不论有无销售额,均应按主管税务机关核定的纳税期限填写本表,并向当地税务机关申报。

税款所属期:　　年　月　日至　　年　月　日　　填表日期:　　　　　　　　金额单位:元至角分

纳税人识别号				所属行业		
纳税人名称		法定代表人姓名		注册地址	生产营业地址	
开户银行及账号		企业登记注册类型			电话号码	

	项目	栏次	一般项目		即征即退项目	
			本月数	本年累计	本月数	本年累计
销售额	(一)按适用税率计税销售额	1				
	其中:应税货物销售额	2				
	应税劳务销售额	3				
	纳税检查调整的销售额	4				
	(二)按简易办法计税销售额	5				
	其中:纳税检查调整的销售额	6				
	(三)纳、抵、退办法出口销售额	7			—	—
	(四)免税销售额	8			—	—
	其中:免税货物销售额	9			—	—
	免税劳务销售额	10			—	—
税款计算	销售税额	11				
	进项税额	12				
	上期留抵税额	13		—		—
	进项税额转出	14				
	免抵退应退税额	15			—	—
	按适用税率计算的纳税检查应补缴税额	16			—	—
	应抵扣税额合计	17=12+13—14—15+16		—		—
	实际抵扣税额	18(如 17<11,则为 17;否则为 11)				
	应纳税额	19=11—18				
	期末留抵税额	20=17—18		—		—
	简易办法计算的应纳税额	21				
	简易办法计算的纳税检查应补缴税额	22			—	—
	应纳税额减征额	23				
	应纳税额合计	24=19+21—23				
税款缴纳	期初未缴税额(多缴为负数)	25				
	实收出口开具专用缴款书退税额	26			—	—
	本期已缴税额	27=28+29+30+31				
	①分次预缴税额	28		—		—
	②出口开具专用缴款书预缴税额	29		—	—	—
	③本期缴纳上期应纳税额	30				
	④本期缴纳欠缴税额	31				
	期末未缴税额(多缴为负数)	32=24+25+26—27				
	其中:欠缴税额(≥0)	33=25+26—27		—		—
	本期应补(退)税额	34=24—28—29		—		—
	即征即退实际退税额	35	—	—		
	期初未缴查补税额	36			—	—
	本期入库查补税额	37			—	—
	期末未缴查补税额	38=16+22+36—37			—	—
授权声明	如果你已委托代理人申报,请填写下列资料:为代理一切税务事宜,现授权　　　为本纳税人的代理申报人,任何与本申报表有关的往来文件,都可寄予此人。 授权人签字:	申报人声明	本纳税申报表是根据国家税收法律法规及相关规定填报的,我确定它是真实的、可靠的、完整的。 声明人签字:			

附件 5—3

增值税纳税申报表附列资料(一)

(本期销售情况明细)

纳税人名称:(公章)　　　　税款所属时间:　　年　　月　　日至　　年　　月　　日　　　　金额单位:元至角分

项目及栏次				开具增值税专用发票		开具其他发票		未开具发票		纳税检查调整		合计			服务、不动产和无形资产扣除项目本期实际扣除金额	扣除后	
				销售额	销项(应纳)税额	销售额	销项(应纳)税额	销售额	销项(应纳)税额	销售额	销项(应纳)税额	销售额	销项(应纳)税额	价税合计		含税(免税)销售额	销项(应纳)税额
				1	2	3	4	5	6	7	8	9=1+3+5+7	10=2+4+6+8	11=9+10	12	13=11−12	14=13÷(100%+税率或征收率)×税率或征收率
一、一般计税方法计税	全部征税项目	17%税率的货物及加工修理修配劳务	1											—	—	—	—
		17%税率的服务、不动产和无形资产	2														
		13%税率	3											—	—	—	—
		11%税率的货物及加工修理修配劳务	4a														
		11%税率的服务、不动产和无形资产	4b														
		6%税率	5														
	其中:即征即退项目	即征即退货物及加工修理修配劳务	6	—	—	—	—	—	—	—	—			—	—	—	—
		即征即退服务、不动产和无形资产	7	—	—	—	—	—	—	—	—						
二、简易计税方法计税	全部征税项目	6%征收率	8							—	—			—	—	—	—
		5%征收率的货物及加工修理修配劳务	9a							—	—			—	—	—	—
		5%征收率的服务、不动产和无形资产	9b							—	—			—	—	—	—
		4%征收率	10							—	—			—	—	—	—
		3%征收率的货物及加工修理修配劳务	11							—	—			—	—	—	—
		3%征收率的服务、不动产和无形资产	12							—	—						
		预征率　%	13a							—	—						
		预征率　%	13b							—	—						
		预征率　%	13c							—	—						
	其中:即征即退项目	即征即退货物及加工修理修配劳务	14	—	—	—	—	—	—	—	—			—	—	—	—
		即征即退服务、不动产和无形资产	15	—	—	—	—	—	—	—	—						
三、免抵退税		货物及加工修理修配劳务	16	—	—		—		—	—	—		—	—	—	—	—
		服务、不动产和无形资产	17	—	—		—		—	—	—		—				—
四、免税		货物及加工修理修配劳务	18				—		—	—	—		—	—	—	—	—
		服务、不动产和无形资产	19	—	—		—		—	—	—		—				—

注:销售额不包括销项税额(或应纳数额),纳税人采用销售额和销项税额合并定价方法的,采用下列公式计算销售额:销售额=含税销售额÷(1+税率或征收率)。

附件 5—4

增值税纳税申报表附列资料(二)

(本期进项税额明细表)

温馨提示:本表第 2、5、6、7、35 数据来源于税控系统,采取 T+1 模式更新,未包含您申报当日勾选认证的发票数据,请核实修改。

纳税人名称:(公章)　　　　税款所属期间:　年　月　日至　年　月　日

金额单位:元至角分

一、申报抵扣的进项税额				
项　目	栏　次	份　数	金　额	税　额
(一)认证相符的防伪税控增值税专用发票	1=2+3			
其中:本期认证相符且本期申报抵扣	2			
前期认证相符且本期申报抵扣	3			
(二)其他扣税凭证	4=5+6+7+8a+8b			
其中:海关进口增值税专用缴款书	5			
农产品收购发票或者销售发票	6			
代扣代缴税收缴款凭证	7			
加计扣除农产品进项税额	8a			
其他	8b			
(三)本期用于购建不动产的扣税凭证	9			
(四)本期不动产允许抵扣进项税额	10			
(五)外贸企业进项税额抵扣证明	11	—	—	
当期申报抵扣进项税额合计	12=1+4+9+10+11			
二、进项税额转出额				
项　目	栏　次	税　额		
本期进项税转出额	13			
其中:免税货物用	14			
非应税项目用、集体福利、个人消费	15			
非正常损失	16			
简易计税办法征税项目用	17			
免抵退税办法不得抵扣的进项税额	18			
纳税检查调减进项税额	19			
红字专用发票信息表注明的进项税额	20			
上期留抵税额抵减欠税	21			
上期留抵税额退税	22			
其他应作进项税额转出的情形	23			
三、待抵扣进项税额				
项　目	栏　次	份　数	金　额	税　额
(一)认证相符的税控增值税专用发票	24	—	—	—
本期已认证相符但未申报抵扣	25			
本期认证相符且本期未申报抵扣	26			
期末已认证相符但未申报抵扣	27			
其中:按照税法规定不允许抵扣	28			
(二)其他扣税凭证	29=30 至 33 之和			
其中:海关进口增值税专用缴款书	30			
农产品收购发票及普通发票	31			
代扣代缴税收缴款凭证	32			
运输费用结算单据	33			
	34			
四、其他				
项　目	栏　次	份　数	金　额	税　额
本期认证相符的税控增值税专用发票	35			
代扣代缴税额	36	—	—	

附件 5—5

增值税纳税申报表附列资料(四)

(税额抵减情况表)

税款所属时间：　　年　月　日至　　年　月　日

纳税人名称:(公章)　　　　　　　　　　　　　　　　　　　　　　金额单位:元至角分

序号	抵减项目	期初余额	本期发生额	本期应抵减税额	本期实际抵减税额	期末余额
		1	2	3=1+2	4≤3	5=3−4
1	增值税税控系统专用设备费及技术维护费					
2	分支机构预征缴纳税款					
3	建筑服务预征缴纳税款					
4	销售不动产预征缴纳税款					
5	出租不动产预征缴纳税款					

附件 5—6

增值税纳税申报表附列资料(五)

(不动产分期抵扣计算表)

税款所属时间：　　年　月　日至　　年　月　日

纳税人名称:(公章)　　　　　　　　　　　　　　　　　　　　　　金额单位:元至角分

期初待抵扣不动产进项税额	本期不动产进项税额增加额	本期可抵扣不动产进项税额	本期转入的待抵扣不动产进项税额	本期转出的待抵扣不动产进项税额	期末待抵扣不动产进项税额
1	2	3≤1+2+4	4	5≤1+4	6=1+2−3+4−5

附件 5—7

本期抵扣进项税额结构明细表

税款所属时间：　　年　月　日至　　年　　月　日

纳税人名称:(公章)　　　　　　　　　　　　　　　　　　　　　　金额单位:元至角分

项　目	栏　次	金　额	税　额
合计	1=2+4+5+11+16+18+27+29+30		
一、按税率或征收率归集(不包括购建不动产、通行费)的进项			
17%税率的进项	2		
其中:有形动产租赁的进项	3		

续表

项　目	栏　次	金　额	税　额
13%税率的进项	4		
11%税率的进项	5		
其中:运输服务的进项	6		
电信服务的进项	7		
建筑安装服务的进项	8		
不动产租赁服务的进项	9		
受让土地使用权的进项	10		
6%税率的进项	11		
其中:电信服务的进项	12		
金融保险服务的进项	13		
生活服务的进项	14		
取得无形资产的进项	15		
5%征收率的进项	16		
其中:不动产租赁服务的进项	17		
3%征收率的进项	18		
其中:货物及修理修配劳务的进项	19		
运输服务的进项	20		
电信服务的进项	21		
建筑安装服务的进项	22		
金融保险服务的进项	23		
有形动产租赁服务的进项	24		
生活服务的进项	25		
取得无形资产的进项	26		
减按1.5%征收率的进项	27		
	28		
二、按抵扣项目归集的进项			
用于购建不动产并一次性抵扣的进项	29		
通行费的进项	30		
	31		
	32		

附件 5—8

增值税减免税申报明细表

税款所属时间：自　　年　月　日至　　年　月　日

纳税人名称（公章）：　　　　　　　　　　　　　　　　金额单位：元（列至角分）

一、减税项目						
减税性质代码及名称	栏次	期初余额	本期发生额	本期应抵减税额	本期实际抵减税额	期末余额
		1	2	3=1+2	4≤3	5=3-4
0001129914|购置增值税税控系统专用设备抵减增值税|《财政部　国家税务总局关于增值税税控系统专用设备和技术维护费用抵减增值税税额有关政策的通知》财税(2012)15 号	5					
二、免税项目						
免税性质代码及名称	栏次	免征增值税项目销售额	免税销售额扣除项目本期实际扣除金额	扣除后免税销售额	免税销售额对应的进项税额	免税额
		1	2	3=1-2	4	5
合　计	2					
出口免税	3		—	—	—	—
其中：跨境服务	4		—	—	—	—

附件 5—9

固定资产（不含不动产）进项税额抵扣情况表

纳税人名称：（公章）　　　　　　填表日期：　　　　　　金额单位：元至角分

项　目	当期申报抵扣的固定资产进项税额	当期申报抵扣的固定资产进项税额累计
增值税专用发票		
海关进口增值税专业缴款书		
合　计		

实务二　企业所得税纳税申报

【实务操作目的】

通过实务操作，使学生掌握企业所得税缴纳的相关问题及纳税申报表的填制，树立依法纳税意识。

【实务操作步骤】

1.填制企业所得税纳税申报表,如附件5—10所示。

2.办理纳税申报。

【实务操作指导】

一、企业所得税的申报期限

企业所得税是我国一种重要的税收收入,同时也是企业最关心的一个税种。2008年1月1日起施行的企业所得税法第五十四条规定:

1. 企业所得税分月或者分季预缴。

2. 企业应当自月份或者季度终了之日起十五日内,无论盈利或亏损,都应向税务机关报送预缴企业所得税纳税申报表,预缴税款。

3. 企业应当自年度终了之日起五个月内,向税务机关报送年度企业所得税纳税申报表,并汇算清缴,结清应缴应退税款。

4. 企业在报送企业所得税纳税申报表时,应当按照规定附送财务会计报告和其他有关资料。

二、企业所得税申报的准备事项

1. 做好年终盘点工作,对企业的资产及债权进行盘点核对,对清理出来的需报批的财产损失,连同年度内发生的财产损失,及时准备报批材料向主管税务机关报批。主要包括:

(1)因自然灾害、战争、政治事件等不可抗力或者人为管理责任,导致库存现金、银行存款、存货、交易性金融资产、固定资产的损失;

(2)应收、预付账款发生的坏账损失;

(3)存货、固定资产、无形资产、长期投资因发生永久或实质性损害而确认的财产损失(注意各项目永久或实质性损害的情形,要充分利用);

(4)因被投资方解散、清算等发生的投资损失(不包括转让损失);

(5)按规定可以税前扣除的各项资产评估损失;

(6)因政府规划搬迁、征用等发生的财产损失;

(7)国家规定允许从事信贷业务之外的企业间的直接借款损失。

2. 检查有无应计未计、应提未提费用,在12月份及时做出补提补计。

(1)检查固定资产折旧计提情况,无形资产、长期待摊费用摊销情况,对漏计折旧、漏计摊销的予以补提补计。

(2)检查福利费和职工教育经费计提使用情况,这两项费用是法定可以按计税工资比例进行税前扣除的费用，应严格执行税法规定。

3. 查阅以前年度的所得税纳税申报资料(最好建立纳税调整台账)，查找与本期纳税申报有关系的事项。主要包括：

(1)未弥补亏损；

(2)纳税调整事项，如未摊销完的开办费、广告费等。

4. 对年度账务进行梳理，整理本年度发生的纳税调整事项，做到心中有数。能通过账务处理的，最好在年度结账前进行处理。

5. 注意其他税种的"汇算清缴"。企业所得税纳税申报是对账务详细梳理的过程，其间发现的其他涉税问题也应一并处理。如视同销售漏交的增值税；未按查补缴纳的增值税计缴的城建税、教育费附加；未及时申报的印花税等。税务机关在对企业所得税汇算清缴时也会对相关涉税问题一并检查并做出处理。

6. 年度中做预缴申报时，在不造成多缴所得税的情况下，需做纳税调整的尽量做纳税调整，虽然不做纳税调整也不构成偷税，但这样做的好处一是能及时记录反映纳税调整事项，二是能及时反映调整后的应纳税所得额。

7. 对于预缴申报时不能及时做纳税调整的事项，应养成及时记录的习惯。

8. 对企业所得税法及相关的主要税务法规，结合最新的此类税法，每年至少细读一遍。

9. 在某些事项的处理上与主管税务机关理解不一致或税务机关内部人员理解不一致时，宜采用稳妥、保险的处理方法。

三、企业所得税的缴纳方式

企业所得税按年计算，但为了保证税款及时、均衡入库，对企业所得税采取分期(按月或季)预缴、年终汇算清缴的办法。

四、企业所得税的纳税期限

按月份或季度预缴税款的纳税人，应在月份或季度终了后15日内向主管税务机关进行纳税申报并预缴税款。其中，第四季度的税款也应于季度终了后15日内先进行预缴，然后在年度终了后45日内进行年度申报，税务机关在5个月内进行汇算清缴，多退少补。

五、企业所得税纳税申报表的填制

进入金税三期网上申报系统后，点击企业所得税纳税申报表，按照填报要求填制《中华人民共和国企业所得税月(季)度预缴纳税申报表(A类，2015年版)》，见附件5－10。

附件 5—10

中华人民共和国企业所得税月(季)度预缴纳税申报表(A 类,2015 年版)

税款所属期间： 年 月 日至 年 月 日

纳税人识别号：□□□□□□□□□□□□□□□□□□

纳税人名称： 金额单位：人民币元(列至角分)

<table>
<tr><th>行次</th><th colspan="2">项 目</th><th>本期金额</th><th>累计金额</th></tr>
<tr><td>1</td><td colspan="2">一、按照实际利润额预缴</td><td></td><td></td></tr>
<tr><td>2</td><td colspan="2">营业收入</td><td></td><td></td></tr>
<tr><td>3</td><td colspan="2">营业成本</td><td></td><td></td></tr>
<tr><td>4</td><td colspan="2">利润总额</td><td></td><td></td></tr>
<tr><td>5</td><td colspan="2">加:特定业务计算的应纳税所得额</td><td></td><td></td></tr>
<tr><td>6</td><td colspan="2">减:不征税收入和税基减免应纳税所得额(请填附表 1)</td><td></td><td></td></tr>
<tr><td>7</td><td colspan="2">固定资产加速折旧(扣除)调减额(请填附表 2)</td><td></td><td></td></tr>
<tr><td>8</td><td colspan="2">弥补以前年度亏损</td><td></td><td></td></tr>
<tr><td>9</td><td colspan="2">实际利润额(4 行+5 行−6 行−7 行−8 行)</td><td></td><td></td></tr>
<tr><td>10</td><td colspan="2">税率(25%)</td><td></td><td></td></tr>
<tr><td>11</td><td colspan="2">应纳所得税额(9 行×10 行)</td><td></td><td></td></tr>
<tr><td>12</td><td colspan="2">减:减免所得税额(请填附表 3)</td><td></td><td></td></tr>
<tr><td>13</td><td colspan="2">实际已预缴所得税额</td><td>—</td><td></td></tr>
<tr><td>14</td><td colspan="2">特定业务预缴(征)所得税额</td><td></td><td></td></tr>
<tr><td>15</td><td colspan="2">应补(退)所得税额(11 行−12 行−13 行−14 行)</td><td>—</td><td></td></tr>
<tr><td>16</td><td colspan="2">减:以前年度多缴在本期抵缴所得税额</td><td></td><td></td></tr>
<tr><td>17</td><td colspan="2">本月(季)实际应补(退)所得税额</td><td>—</td><td></td></tr>
<tr><td>18</td><td colspan="2">二、按照上一纳税年度应纳税所得额平均额预缴</td><td></td><td></td></tr>
<tr><td>19</td><td colspan="2">上一纳税年度应纳税所得额</td><td>—</td><td></td></tr>
<tr><td>20</td><td colspan="2">本月(季)应纳税所得额(19 行×1/4 或 1/12)</td><td></td><td></td></tr>
<tr><td>21</td><td colspan="2">税率(25%)</td><td></td><td></td></tr>
<tr><td>22</td><td colspan="2">本月(季)应纳所得税额(20 行×21 行)</td><td></td><td></td></tr>
<tr><td>23</td><td colspan="2">减:减免所得税额(请填附表 3)</td><td></td><td></td></tr>
<tr><td>24</td><td colspan="2">本月(季)实际应纳所得税额(22 行−23 行)</td><td></td><td></td></tr>
<tr><td>25</td><td colspan="2">三、按照税务机关确定的其他方法预缴</td><td></td><td></td></tr>
<tr><td>26</td><td colspan="2">本月(季)税务机关确定的预缴所得税额</td><td></td><td></td></tr>
<tr><td>27</td><td colspan="2">总分机构纳税人</td><td></td><td></td></tr>
<tr><td>28</td><td rowspan="4">总机构</td><td>总机构分摊所得税额(15 行或 24 行或 26 行×总机构分摊预缴比例)</td><td></td><td></td></tr>
<tr><td>29</td><td>财政集中分配所得税额</td><td></td><td></td></tr>
<tr><td>30</td><td>分支机构分摊所得税额(15 行或 24 行或 26 行×分支机构分摊比例)</td><td></td><td></td></tr>
<tr><td>31</td><td>其中:总机构独立生产经营部门应分摊所得税额</td><td></td><td></td></tr>
<tr><td>32</td><td rowspan="2">分支机构</td><td>分配比例</td><td></td><td></td></tr>
<tr><td>33</td><td>分配所得税额</td><td></td><td></td></tr>
<tr><td colspan="5">是否属于小微企业： 是□ 否□</td></tr>
<tr><td colspan="5">谨声明:此纳税申报表是根据《中华人民共和国企业所得税法》《中华人民共和国企业所得税法实施条例》和国家有关税收规定填报的,是真实的、可靠的、完整的。
法定代表人(签字)： 年 月 日</td></tr>
</table>

纳税人公章： 会计主管： 填表日期： 年 月 日	代理申报中介机构公章： 经办人： 经办人执业证件号码： 代理申报日期： 年 月 日	主管税务机关受理专用章： 受理人： 受理日期： 年 月 日

【企业所得税纳税申报实务】

根据第四章山西安特风机制造有限公司 2017 年 12 月业务资料，办理企业所得税纳税申报。

第六章　公司相关财务、会计制度

制度一　货币资金管理制度

第一章　总　则

第一条　为了加强公司货币资金的内部控制和管理，保证货币资金的安全、完整，根据《中华人民共和国会计法》和财政部制定的《内部会计控制规范——货币资金》等法律法规，制定本制度。

第二条　本制度所称货币资金是指公司所拥有的现金、银行存款和其他货币资金。

第三条　本制度适用于山西安特风机制造有限公司。

第四条　公司负责人对本单位货币资金内控制度的建立健全和有效实施以及货币资金安全完整负责。

第二章　岗位分工及授权批准

第五条　必须建立货币资金岗位责任制，明确相关部门和岗位的职责权限，确保办理货币资金业务的不相容岗位相互分离、制约和监督。出纳人员不得兼任稽核、会计档案保管和收入、支出、费用、债权债务账目的登记工作。不得由一人办理货币资金业务的全过程。

第六条　办理货币资金业务人员须具备良好的职业道德，忠于职守，廉洁奉公，遵纪守法，客观公正，不断提高业务素质和职业道德水平，并根据单位和部门实际情况进行岗位轮换。

第七条　公司各部门应制定严格的授权批准制度，明确审批人对货币资金授权批准方式、权限、程序、责任和相关控制措施，规定经办人办理货币资金的职责范围和工作要求。审批人根据董事会或经理办公会议批准的货币资金授权批准制度规定的范围进行资金审批，不得越权审批。经办人在办理货币资金业务时，必须取得真实合法的原始单据，相关内容填写齐全，并按规定加盖印章，由经办人签字，单位负责人审核，然后按规定程序逐级审批，办理货币资金业务。对于审批人超越授权范围审批的货币资金业务，复核人员和出纳人员有权拒绝办理，并及时向审批人的上级授权部门报告。

第八条　公司各部门必须按照本制度规定的程序办理货币资金支付业务。

(一)支付申请。对于一些重要支付事项,如对外投资、购买设备、大额销售费用、材料的采购计划等必须提前20天向审批人及财务部门提交货币资金支付申请,注明款项的用途、金额、预算、支付方式等内容,并附有效经济合同或相关证明。

(二)支付审批。审批人根据其职责、权限及相应程序对支付申请进行审批,对不符合规定的支付申请,审批人拒绝批准。

(三)支付复核。公司财务负责人负责货币资金支付申请的复核,复核人必须对批准后的货币资金支付申请进行认真核对,复核货币资金支付申请的批准范围、权限、程序是否正确,手续和相关单证是否齐备,金额计算是否准确,是否有勾画涂改现象,支付方式、支付单位是否妥当等。复核无误后,交由出纳办理支付手续,如有不妥,退回申请单位重新办理。

(四)办理支付。出纳人员根据复核无误的支付申请,按规定办理货币资金支付手续,并在收付款凭证上加盖“收讫”和“付讫”戳记,及时登记现金日记账和银行存款日记账,会计人员应及时填制现金或银行收付款凭证。

第九条　公司严禁未经授权的部门和人员办理货币资金业务或直接接触货币资金。

第三章　现金和银行存款的管理

第十条　根据《现金管理暂行条例》,规定现金开支范围如下:

(一)支付职工工资、津贴、奖金、福利补助金;

(二)支付个人劳务报酬;

(三)各种劳保、福利费以及国家规定对个人的其他支出(包括各种抚恤金、退职离退休金、丧葬费、幼托费等);

(四)因采购地点不固定、交通不便、生产急需的支出;

(五)出差人员必须随身携带的差旅费;

(六)结算起点以下的零星支出(结算起点为1 000元);

(七)中国人民银行确定需要支付现金的其他支出。

各部门结合其实际情况,在规定的范围内,确定其现金支出的详细范围。不属于现金开支范围的业务应通过银行办理转账结算。

第十一条　应加强现金限额的管理,超过库存限额的现金应及时存入银行,具体限额由开户银行核定。

第十二条　现金收入要及时送存银行,严禁坐支现金,因特殊情况需坐支的,应事先报经开户银行审查批准。

第十三条　提取现金,应当写明用途,加盖预留银行印章,不得谎报用途提取现金。

第十四条　收取的货币资金必须及时入账,不得私设“小金库”,不得账外设账,严禁收款不入账。

第十五条 不准将单位现金以个人名义存入储蓄；出纳人员必须妥善保管好现金，对使用的保险柜密码不得向任何人透露，也不得将现金带回家中保管；出纳人员在收取现金时，对大面额现钞要认真检验，不能确定的应送银行鉴别，防止收取假钞，给企业造成损失。

第十六条 每日终了后，出纳人员应结出当天现金账面余额，并与库存现金相核对，如有差异，找出原因，及时处理，做到账实相符、日清月结。

第十七条 出纳会计因工作调动在办理移交手续时，必须编造移交清册，并在“现金日记账”中加盖移交人图章，接收人应认真核对“现金日记账”中的结存余额与交付的现金是否相符，并根据移交清册点收各种有价证券和其他凭证。

第十八条 根据《支付结算办法》，公司应加强银行存款账户的管理，不准出租、出借银行账户。

第十九条 不准签发没有资金保证的票据或远期支票，不准套取银行信用；不准签发、取得和转让没有真实交易的债权、债务票据，套取银行或他人资金；不准由非指定人员签发支款凭证(支票、汇票、本票等)；不准违反规定开立和使用银行账户。

第二十条 建立健全银行日记账，并每月与银行对账单进行核对，对未达账项要编制银行存款余额调节表，保证账账相符。

第二十一条 银行出纳工作变动，应预先处理未达账项，否则不得移交。

第四章 票据及有关印章的管理

第二十二条 公司要加强与货币资金相关票据的管理，明确各种票据的购买、保管、领用、背书转让、注销等环节的职责权限和程序，并专设登记簿进行记录，防止空白票据的遗失和被盗用。

(一)购买。财务部门必须由专人负责购买空白票据(支票、汇票、本票等)。每次购买票据时，购买人应认真核对领用票据的编号、数量、单价、金额与登记簿上是否相符，核对无误后，在登记簿上签字。

(二)保管。空白票据要由专人妥善保管，保管人设立台账登记票据的编号、库存数量、防止空白票据遗失。

(三)领用。票据领用时，领用人要根据领用数量和编号在登记簿上签字。

(四)背书转让。在票据需背书转让时，应有审批人的授权批准，经办人应在登记簿上登记出票人、出票时间、到期日、金额、承兑号码、转让单位等，并将收到的银行承兑汇票复印件附于凭证后，以便备查。票据转让后必须让对方单位经办人开具收据，并在登记簿上签字。

(五)注销。不得随意签发票据，如有填制错误需作废时，必须写清说明，将填错票据与存根一起加盖“作废”戳记，并定期在单位领导的监督下销毁。

第二十三条 印章和支票要分别由两人保管。财务专用章应由专人保管，不得由一人保管货币资金支付的全部印章，财务负责人的私章应由本人或其授权人员保管。各单位支付货币资金时，对于自制的原始凭证，应按公司财务部统一设定的单证办理。

第五章 监督检查

第二十四条 公司财务部应对货币资金业务定期或不定期地进行检查。

第二十五条 货币资金监督检查的内容主要包括：

(一)货币资金业务相关岗位及人员的设计情况。重点检查货币资金的岗位责任制建立情况，相关部门和岗位的职责权限是否明确，是否存在货币资金不相容、职务混岗的现象。

(二)货币资金授权批准制度的执行情况。重点检查货币资金支出的授权批准手续是否健全，是否存在越权审批行为。

(三)支付款项印章的保管情况。重点检查是否存在办理付款业务所需全部印章由一人保管的现象。

(四)票据的保管情况。重点检查票据的购买、领用、保管手续是否健全，票据保管是否存在漏洞。

(五)公司要定期和不定期地进行现金盘点，确保现金账面余额与实际库存相符。发现不符，及时查明原因，并做出处理。

(六)公司要定期检查银行存款账面余额和银行对账单是否相符，是否定期编制银行存款余额调节表，并核对其是否正确。

第二十六条 对监督检查中发现的问题，及时采取措施，加以纠正和完善。对于出纳人员严重失职、造成重大经济损失的，应视情节轻重追究出纳人员的直接负责人的领导责任。对于因经办人的严重失职而造成重大经济损失的，视情节轻重追究部门及经办人的责任。

第二十七条 本制度从 2016 年 10 月 1 日起执行。

第二十八条 本制度解释权归山西安特风机制造有限公司财务部。

附

汇款通知单

年 月 日 №

收款单位		住 址	
开户银行		账 号	
计算根据			
汇出金额	万 仟 佰 拾 元 角 分		¥＿＿＿＿＿
备 注			

经办单位：(章) 经办人： 签批人：

附注：此汇款通知单用于预付款业务，一式两联：第一联：存根(经办单位留存)；第二联：财务处。

支付申请

申请单位(章)　　年　　月　　日　　　　　　　№

收款单位			经办人________
开户银行及账号			
住址及电话号码			经办单位________
用　途			
预　算			审批人________
汇出金额	万 仟 佰 拾 元 角 分	¥______	
备　注			复核人________

附注:此申请单一式三联。第一联:存根;第二联:财务部门;第三联:申请部门。

制度二　存货管理制度

第一条　为了强化存货管理,降低消耗,提高经济效益,特制定本办法。

第二条　本制度规定了存货(库存商品、原材料、包装物、低值易耗品、半成品、在制品)计价、入库、发放、摊销、储存保管、盈亏、财务结算等办法。

第三条　本制度适用于公司存货管理。

第一章　库存商品、原材料、包装物、半成品、在制品管理

第四条　存货计价。

1.购入存货实际成本包括:买价、运输费、装卸费、保险费、途中合理损耗、入库前加工、整理、挑选费及其他费用,必要的数量损耗价值、进口材料的外汇差价。

2.自制的存货实际成本包括自制过程中发生的材料费、工资、加工费等各项支出。

3.委托外单位加工的存货,其实际成本包括实际耗用的原材料或半成品实际成本、运输费、装卸费、保险费、加工费和应纳税费。

4.投资者投入的存货,按照评估后确认的合同协议价执行。

5.盘盈的存货,其实际成本为同类存货的实际成本或者可以出售的市场价格。

6.接受捐赠的存货按照协议或者同类物资市场确定的价格作为实际成本。

7.存货全部实行实际成本计价。

8.发出存货采用先进先出法计价。

第五条　存货入库。

1.材料入库,要认真执行交接手续,仓库管理人员要根据货物运送凭证进行点验数量及包装完整情况,发现问题要做出记录,反馈有关责任人,照价索赔。

2.入库材料，按照规定根据验收单及附件，开物资申验单，通知质检部门进行质量检验，验收时要以收到申验单日期算，三日之内完成。生产急于使用时要当日完成，验收合格后，质检部门开具合格证，无合格证财务部门不予结算。

3.待验材料应在指定地点存放，不得与库存材料混淆和随意发放。过磅单、随货发运通知单、交接单等相关凭证要妥善保管，不得遗失。

4.规定放入库内保管的材料要及时放入仓库，如因其他原因暂时存放露天仓库时，应做好下垫上盖防雨排水工作，对危险品、易燃、易爆、怕潮材料不得放置露天场地。

5.检验合格材料，要按管理标准分类，按区入库存放，并标明合格标志。

6.贵重材料自提后，应及时开申验单，经质检员检验合格后，当天入库，并做好验收记录。

7.入库前材料在验收中发现质量不合格、规格及数量不符并有损坏等情况时，应做好记录，隔离堆放保持原件，及时反馈主管领导和发货方，由采购人员负责处理。

第六条　材料发放。

1.公司各部门领用材料一律使用领料单，由各部门领导批准。

2.材料发放应严格按照采购计划申报的规格、型号、数量发放，仓库保管员不得随意更改。

3.各部门开具的领料单必须注明用途，领料时除领料人签字外，还需相关部门领导签字(不得使用名章)，同时加盖单位公章，否则可以拒绝。

第七条　材料、半成品和在制品保管。

1.材料和半成品保管应按区域，分关键类、重要类和一般类整理保管。

2.材料堆放要根据不同性能分别存放，按照防潮、防锈、防高温等要求合理保管，定期检查。

3.材料发出执行先进库、先发放的原则，以防止材料长期存放变质损毁。

4.凡入库材料，均应做到数量清、材质清、规格清、账卡相符要求，账、物、卡一致程度在95%以上。仓库的各种原始单据、凭证，要分类装订，妥善保管，不能丢失。

5.贵重材料和半成品严格执行专人专库保管。

6.仓库收发计量要准确，计量器具定点专人管理。

第八条　材料盘点及盈亏处理。

1.根据物资清查盘点制度，库存材料按照管理标准，保管员对所保管的材料、半成品、在制品应逐月抽查、盘点。每年对所管材料、半成品、在制品进行盘点一次，做出盈亏报表，报主管部门进行复点。

2.在盘点每项材料时，要认真清点数量，核对规格及质量，做到盘点数量准确，规格及质量符合要求。

3.盘点中发生的盈亏，要认真分析原因，及时填写材料盈亏报告单。定额内损耗，由主管部门签注意见，公司分管领导审核批准；超定额损耗，在查清原因的基础上主管领导审核，财务部审查，公司总经理审批。

4.材料发生变质损坏，主管部门应及时组织人员查清原因，分清责任，向公司提交书面报告。变价处理或报废时，由主管单位提出申请，会同财务部、质检组共同审核后，按批准程序处理。主管单位变价处理后按照销售凭证填写残次材料审报单，经主管部门经理签字，公司分管领导批准后核减库存。

第九条 材料结算的手续要求。

1.万元以上的购进材料。要签订购销合同，并经法律顾问审查盖章，在结算时财务部按照合同规定条款进行审核结算。市场发生变化，与合同不符时应有补充合同方可结算。

2.万元以下购进材料，要有主管领导签字、批准后办理结算。

3.凡是购进材料结算，都需要开具增值税发票，税票要按规定填写全面，运杂费发票要符合财务规定。

4.结算材料款时必须附有仓库保管员按照收料凭证填写的材料入库单，入库单金额按不含税价填写，并按规定附有质检单，加盖主管部门公章，仓库保管员签字。

5.库存材料要按计划进货，按照储备定额储备，杜绝超储积压。在正常情况下超定额储备，财务部门可以不予结算。

第二章 低值易耗品管理

第十条 低值易耗品的范围。

1.使用期在一年以下的办公用品、生活用具和冬夏两季防寒防蝇设施等消耗用品类。

2.使用期在一年以上的木器家具、铁制品、办公桌椅、文件柜等低值类。

3.单价在规定限额 2 000 元以下的非生产用低值易耗品。

4.生产使用属固定资产目录以外的工器具。

第十一条 低值易耗品的购置与入库。

1.凡添购办公桌、椅、文件柜等统一由主管部门购置，增加机构、增加人员应预先做出计划，由人事劳资部门审核盖章，分管领导审批，财务部门下达费用指标后方可购置、领用(标准另定)，使用部门不得擅自采购。其他低值易耗品按计划及核定库存定额进行采购储备。

2.低值易耗品入库，必须按照进货和加工凭证点验，点验后方可填制入库单办理入库手续。

3.库存低值易耗品必须做到分类存放，标志明显，名称正确，规格不串，数量准确。月抽查，年盘点，做到账、物、卡三相符。

4.库存低值易耗品不得外借、外调。对交回的低值易耗品要设账管理，另外存放，不得与库存低值易耗品混淆，不准以次充好。

第十二条 低值易耗品的领用与摊销。

1.凡领用低值易耗品，统一使用领用单领用。领料凭证要有领料人、部门领导签字(印章无效)，分管副总批准。

2.低值易耗品实行一次性摊销。

第十三条 在用低值易耗品的管理。

1.主管部门应编制低值易耗品目录，按照目录进行管理。

2.在用低值易耗品实行二级管理，即公司财务部设明细账（数量、金额），车间（部门）设卡片账。

3.各部门应设兼职财产管理员，负责对所管范围的财产进行管理。

4.部门间财产调拨，要做到手续齐全，及时登记。

第十四条　本办法从2016年10月1日起执行。

第十五条　本办法解释权归山西安特风机制造有限公司财务部。

制度三　固定资产管理制度

第一条　为加强公司固定资产管理，规范固定资产的购置、使用、处置过程中的会计核算，根据《企业会计准则——固定资产》和《企业会计制度》的规定，结合公司经营需要，制定本办法。

第二条　本办法适用于山西安特风机制造有限公司。

第三条　固定资产是指为生产商品、提供劳务、出租或经营管理而持有，使用期限超过一年，单位价值较高，在使用过程中保持原有物质形态的资产。公司固定资产单位价值定为2 000元以上，具体包括：

1.房屋、建筑物；

2.机械设备；

3.动力设备；

4.传导设备；

5.运输设备；

6.生产用工具、仪器；

7.电子计算机、手机；

8.电视、复印、文字处理机；

9.管理用设备、器具；

10.产品专用设备。

第四条　固定资产在同时满足以下条件时，才能加以确认：

1.该固定资产包含的经济利益很可能流入企业；

2.该固定资产的成本能够可靠计量。

第五条　固定资产的各组成部分在使用效能上可与该项资产相对独立，并且具有不同使用寿命，同时该组成部分仍符合固定资产确认条件时，应当单独确认固定资产。

第六条　公司的环保设备和安全设备虽不能直接为企业带来经济利益，却有助于公司从相关资产获得经济利益，也应确认为固定资产。

第七条 固定资产的初始计量、入账。

1.固定资产应按其成本入账。

2.外购的固定资产的成本包括买价、增值税、进口关税等相关税费，以及为使固定资产达到预定可使用状态前所发生的可直接归属于该资产的其他支出，如场地整理费、运输费、保险费、包装费、装卸费、安装费、调试费等。

3.自行建造的固定资产，按建造该项资产达到预定可使用状态前所发生的必要支出，作为入账价值。

4.投资者投入的固定资产，按投资各方确认的价值，作为入账价值。

5.融资租入的固定资产，其入账价值按《企业会计准则——租赁》的规定确定。

6.债务重组中取得的固定资产，其入账价值按《企业会计准则——债务重组》中的规定确定。

7.非货币性交易中取得的固定资产，其入账价值按《企业会计准则——非货币性交易》的规定确定。

8.盘盈的固定资产，按以下规定确定其入账价值。

(1)同类或类似固定资产存在，按同类或类似固定资产的市场价格，减去按该项资产的新旧程度估计的价值损耗后的余额，作为入账价值。

(2)同类或类似固定资产不存在，按该项固定资产的预计未来现金流量现值，作为入账价值。

9.接受捐赠的固定资产，按以下规定确定其入账价值：

(1)捐赠方提供了有关凭据的，按凭据上标明的金额加上应当支付的相关税费，作为入账价值。

(2)捐赠方没有提供有关凭据的，按以下顺序确定其入账价值：

A.同类或类似固定资产存在活跃市场的，按同类或类似固定资产的市场价格估计的金额，加上应当支付的相关税费，作为入账价值。

B.同类或类似固定资产不存在活跃市场的，按接受捐赠的固定资产的预计未来现金流量现值，作为入账价值。

C.如接受捐赠的是旧的固定资产，按依据上述方法确定的新固定资产价值，减去按该项资产的新旧程序估计的价值损耗后的余额，作为入账价值。

10.应当计入固定资产成本的借款费用，按《企业会计准则——借款费用》的规定处理。

11.财务部门应根据以上计价原则，凭经过签批的有效票据及请购核准文件(或盘盈报告单、接受捐赠协议等)、资产实物管理部门出具的《固定资产登记介绍信》和使用部门填制的《固定资产领用单》办理结算，并进行账务处理，同时建立固定资产卡片。

第八条 固定资产的原值变动。

1.固定资产的原值一经确定，除下列情况外不得随意变动：

(1)根据国家规定对固定资产进行重估价值；

(2)增加补充设备或改良设备；

(3)将固定资产的一部分拆除；

(4)根据实际调整固定资产的暂估价值；

(5)发现原计固定资产价值有误。

2.财务部门应分别以下情况进行账务处理：

(1)根据评估报告、审计后的决算书及可行性论证报告、有效票据及资产实物管理部门出具的《固定资产增值、减值登记介绍信》和使用部门填制的《固定资产领用单》，调整固定资产账面价值，同时通知实物管理部门登记。

(2)根据董事会会议审议通过的固定资产拆除报告和《固定资产报废审核单》进行资产注销的账务处理。

(3)根据固定资产入账错误说明及有关单据，经单位财务部门负责人审核、主管领导批准后，调整固定资产原值，同时通知实物管理部门调整台账登记。

第九条　固定资产的后续支出。

1.资本化的后续支出。

固定资产的后续支出，如果使可能流入企业的经济利益超过了原先的估计，即提高了固定资产的原定创利能力，则应当计入固定资产账面价值，但增计金额不应超过该固定资产的可收回金额。资本化后续支出大致有以下几种情况：

(1)通过对厂房进行改建、扩建而使其更加坚固耐用，延长了厂房等固定资产的使用寿命。

(2)通过对设备的改建，提高了其单位时间内产品的产出数量，提高了机器设备等固定资产的生产能力。

(3)通过对设备的改良，大大提高了其生产产品的精度，实现了产品的更新换代。

(4)通过对生产线设备的系统改良，促使其大大降低了产品成本，提高了企业产品的价格竞争力。

2.费用化的后续支出。

如果固定资产的后续支出，不符合以上资本化条件，则应在发生时直接计入当期损益。

第十条　固定资产折旧。

1.除以下情况外，应对所有固定资产计提折旧：

(1)已提足折旧仍继续使用的固定资产。

(2)按照规定单独估价作为固定资产入账的土地。

2.财务部门应当根据固定资产的性质和实际用途进行分类，合理确定固定资产的使用寿命和预计净残值。固定资产的折旧年限、预计净残值一经选定，不得随意调整。

3.在确定固定资产的使用寿命时，应考虑下列因素：

(1)该资产的预计生产能力或实物产量。

(2)该资产的有形损耗，如设备使用中发生磨损、房屋建筑物受到自然侵蚀等。

(3)该资产的无形损耗，如因新技术的出现，而现有的资产技术水平相对陈旧、市场需求变化使产品过时等。

(4)有关资产适用的法律或者类似的限制。

4.财务部门可根据固定资产所含经济利益预期实现方式选择折旧方法。折旧方法一经选定,不得随意调整。

5.固定资产应当按月计提折旧,并根据用途分别计入相关资产的成本或当期费用。实际计提固定资产折旧时,当月增加的固定资产,当月不提折旧,从下月起计提折旧;当月减少的固定资产,当月仍提折旧,从下月起停止计提折旧。

6.财务部门与资产实物管理部门应当定期对在用的各项固定资产的使用寿命进行复核,如果固定资产使用寿命的预期数与原先的估计数有重大差异,则应当报董事会批准,相应调整固定资产折旧年限。

7.财务部门应当定期对固定资产的折旧方法进行复核。如果固定资产包含的经济利益的预期实现方式有重大改变,则应当报公司董事会批准,相应改变固定资产折旧方法,并报有关部门备案。

8.公司目前执行的固定资产目录、折旧年限、折旧方法及预计净残值率等见下表:

序号	目　录	折旧年限	折旧方法	预计净残值率(%)
一	房屋建筑物			
1	生产用房屋	30	直线法	3
2	非生产用房屋	30	直线法	3
3	简易房屋	15	直线法	3
4	建筑物	15	直线法	3
二	通用设备			
5	机械设备	10	直线法	3
6	动力设备	10	直线法	3
7	传导设备	15	直线法	3
8	运输设备	6	直线法	3
9	计算机、手机	4	直线法	3
10	生产用工具、仪器	5	直线法	3
11	非生产用设备、器具	10	直线法	3
12	电视机、复印机、文字处理机	5	直线法	3
三	专用设备			
13	产品专用设备	10	直线法	3

第十一条　固定资产减值。

1.固定资产减值是指固定资产的可收回金额低于其账面价值。

2.财务部门应和资产实物管理部门配合于期末对固定资产进行检查，如果发现固定资产可收回金额低于其账面价值，应当按可收回金额低于账面价值的差额计提固定资产减值准备，并计入当期损益。如发现存在下列情况，应当计算固定资产的可收回金额，以确定资产是否已经发生减值：

(1)固定资产市价大幅下跌，其跌幅大大高于因时间推移或正常使用而预计的下跌，并且预计在近期内不可能恢复。

(2)企业所处经营环境，如技术、市场、经济或法律环境或者产品营销市场，在当期发生或在近期发生重大变化，并对企业产生负面影响。

(3)同期市场利率等大幅度提高，进而可能影响企业计算固定资产可收回折现率，并导致固定资产可收回金额大幅度降低。

(4)固定资产陈旧过时或发生实体损坏等。

(5)固定资产预计使用方式发生重大不利变化，如企业计划终止或重组该资产所属的经营业务、提前处置资产等情形，从而对企业产生负面影响。

(6)其他有可能表明资产已发生减值的情况。

3.已计提减值准备的固定资产，应当按照该固定资产的账面价值以及尚可使用寿命重新计算确定折旧率和折旧额，因固定资产减值准备而调整固定资产折旧额时，对此前已提的累计折旧不做调整。

第十二条　固定资产出租、出借。

1.固定资产出租、出借时，经分管资产实物管理的副总审核、总经理批准后，资产保管部门与对方签订租赁合同或借用协议，并报财务部门备案。

2.财务部门根据审核批准的合同或协议进行资产卡片变更登记，收取押金、租金，将出租固定资产的折旧费用和收取的租金收入计入当期损益。

第十三条　固定资产的处置。

1.固定资产符合下列条件之一的，可根据资产实物管理部门填制并经过分管副总及财务负责人审查、总经理批准并报董事会审议通过的固定资产报废报告和《固定资产报废审核单》，进行资产注销的账务处理：

(1)超过使用年限，基本主体结构陈旧，或主要部件无法修复；

(2)技术淘汰设备，无配件来源，无法修复的；

(3)因规划变动，需要搬迁而又不能搬迁的；

(4)影响安全生产、能耗大、污染环境又无法治理的；

(5)因自然灾害或非常事故造成毁损，无法修复的。

2.闲置、报废资产的调拨、转让。

(1)内部调拨。由资产实物管理部门开具《闲置资产调拨通知单》，经分管资产实物管理的副总及财务负责人批准，调入方与调出方签字后，变更固定资产卡片登记和折旧费用的负责部门。

(2)对外出售。由资产管理部门组织财务、技术及使用部门对资产现状及价格进行评估，填制《闲置、废旧资产变价处理审核单》，分管资产副总签批后，根据资产实物部门开具的《闲置、废旧资产变价处理通知单》，财务部门开票销售，并进行账务处理。

3.发生固定资产变卖、报废或毁损时，应当将处置收入扣除其账面价值和相关税费后的差额计入当期损益。

4.售后租回固定资产，按《企业会计准则——租赁》的规定进行会计处理。

第十四条 固定资产账实核对、清查盘点。

1.固定资产卡片应每年与资产管理部门实物台账核对一次，如有错误，应立即更正。

2.财务部门应与资产实物管理部门配合，每年至少进行一次固定资产全面盘点，出具“固定资产清查报告”，详细说明资产盈、亏原因和发生减值(或减值恢复)的情形及依据，并提出处理意见，上报分管副总和总经理审批，提请董事会审议通过后，按会计制度规定进行处理。固定资产盘盈、盘亏后，还应填制《固定资产盘点盈亏表》，拟订处理意见，随清查报告一同报批。财务部门根据审核批准的“固定资产清查报告”和《固定资产盘点盈亏表》进行减值准备计提、固定资产增加或核销的账务处理。

第十五条 本办法从 2016 年 10 月 1 日起执行。

第十六条 本办法解释权归山西安特风机制造有限公司财务部。

制度四 销售收入管理制度

第一条 为了加速资金周转，提高经济效益，特制定本办法。

第二条 本制度适用于山西安特风机制造有限公司。

第三条 产品销售的预测和分析。

1.销售部门要定期进行销售预测分析，一般每季预测分析一次，根据分析预测情况，提出市场预测分析报告书，为公司经营决策提供依据。

2.坚持以销定产原则，广泛开拓新的销售渠道，建立直销网络。

3.销售量预测的主要依据是：

(1)上级有关政策、法规；

(2)市场变化情况；

(3)成本价格因素；

(4)新产品开发情况；

(5)其他有关情况。

分析预测销售量的方法采用趋势预测分析法和市场调查分析法。

第四条 产品销售价格，根据公司《价格管理办法》规定，销售部门根据市场情况分别采取按量作价和按对象作价的办法。

第五条 产品销售计划分年度计划和季度计划，年度计划提前一个月编制完；季度计划提前二十天编制完。销售计划编制完须经分管副总签批，销售部门应根据销售计划提出生产计划，并送生产处安排生产。

第六条 销售合同的管理。

1.按照销售计划安排，与有关经销单位签订销售合同，一般每年签订一次。

2.销售合同须经销售部门负责人审批签字后执行。

3.销售合同签订后，按照合同签订单位分别设户，建立销售台账，随时登记有关事项，按季检查合同执行情况。

4.为了维护公司信誉，销售部门必须认真履行合同，做到重合同、守信用。

第七条 销售货款的结算。

1.销售部门负责开票和货款回收工作。对手续齐全的单据(发票记账联、短途运费结算单、铁路运费代垫单等)，及时转交财务部(处)。做到当期发生的销售业务及时进行账务处理。对所收款项必须当日送交银行，保证货款的及时入账。

2.货款结算要及时。

3.对于销售退回、货款拒付等情况，销售部门要建立业务往来账簿，并每月向主管领导提供货物回收情况。拒付单位一般在未承付货款前不供货。特殊情况经公司分管领导批准方可供货，但必须保证按期(合同期)收回货款。

4.产品销售的退回、折让与折扣，不论是属于本年度还是属于以前年度销售的，都应冲减本期销售收入。

第八条 产品最优库存量的确定，要根据品种、数量的多少和资金占用量的大小，对库存量进行相应的控制。

第九条 销售收入的确认按照权责发生制确认销售收入。销售部门把产品发运出去，并且完成了必要的销售手段，收回货款或取得预期收回货款的合法权利，可作为销售收入的实现。

第十条 其他销售收入。

1.风机以外的其他销售均作为其他销售收入核算。

2.其他销售手续要齐全，并及时按照规定做账务处理，确保收入及时入账。

第十一条 发票的管理。

1.发票管理的范围。

(1)增值税专用发票；

(2)普通销售发票；

(3)内部收款收据。

2.发票的日常管理。

(1)发票管理的责任部门是财务部门。财务部门应根据国家发票管理办法对发票认真管理，各部门应接受财务部门的管理和监督。

(2)财务部门应设置专人对发票的购买或印制、领用、交回进行严格登记。

(3)各部门将使用过的发票存根联及时交回财务部门并在领用登记簿上注销。

(4)发票保留期限超过国家规定的保留期限需要销毁时,由财务部门负责登记,并报总经理和税务机关批准后,方可销毁。

(5)使用发票部门应指定专人开具发票,财务部门对已开具的发票必须进行复核。发票开错必须作废另开,不得任意涂改。作废发票应同发票存根一同保管,不得私自销毁。

第十二条 本办法从2016年10月1日起执行。

第十三条 本办法解释权归山西安特风机制造有限公司财务部。

制度五 成本、费用管理制度

第一条 为了强化对管理费用、财务费用、销售费用的管理控制,以达到向管理要效益的目的,特制定本办法。

第二条 本制度适用于公司所属各部门。

第三条 引用政策标准和规定如下:

(1)《企业财务通则》;

(2)《企业会计准则》;

(3)《工业企业财务制度》。

第四条 成本、费用核算制度。

公司生产车间设有生产成本高压矿用鼓风机/离心通风机产品,产品成本按直接材料、直接人工、制造费用设成本项目。产品成本计算的基本方法为品种法。原材料在生产开始时一次性投入。

1.制造费用核算公司生产车间为组织和管理生产发生的各项费用,按工资及福利费、物料消耗、水电费、办公费、差旅费、电话费、折旧费、维修费、其他费用设置专栏进行明细核算。

2.管理费用核算公司为组织和管理企业生产经营所发生的各项费用,按工资及福利费、业务招待费、水电费、办公费、差旅费、电话费、折旧费、维修费、其他费用设置专栏进行明细核算。

3.销售费用核算公司在销售商品过程中所发生的各项费用,按工资及福利费、水电费、办公费、差旅费、电话费、宣传费、其他费用设置专栏进行明细核算。

4.财务费用核算公司为筹集生产经营所需资金和银行结算所发生的各项费用,按利息支出、手续费等设明细进行核算。

第五条 费用的计划管理。

1.每年12月份各职能部门和销售部门,根据本年度费用的实际使用情况,结合次年公司经营计划,提出次年费用使用计划,经部门负责人签署意见后,送财务部审核。

2.财务部根据年度生产经营计划,结合上年期间费用的实际水平,分别编制管理费用计划、财务费用计划和销售费用计划,并纳入公司财务计划。

3.财务部根据公司全年期间费用计划,结合部门费用计划,本着艰苦奋斗、勤俭节约、实事求是的原则,在综合平衡后,提出职能部门费用计划和销售费用计划,经分管领导审核后,提交董事会通过,然后下达执行。

第六条 费用控制。

1.各部门根据财务部门下达的费用计划指标,制定内部控制计划及措施。

2.费用控制实行部门主要领导负责制。职工协助部门领导当家理财,严格监管部门经费的使用情况。

3.业务招待费要根据全年预计总额,由分管领导或总经理审批,分月度控制。

第七条 监督、检查与考核。

1.财务部定期对有关费用的计提、支出是否合理等内容进行严格审查。

2.财务部要对各单位费用的预算执行情况进行监督、检查与控制。

第八条 本办法从 2016 年 10 月 1 日起执行。

第九条 本办法解释权归山西安特风机制造有限公司财务部。

附

业务招待费管理办法

第一条 根据公司实际情况,本着提高效率、节约支出的目的制定本办法。

第二条 因业务需要招待客人,须先填写"业务招待申请单",按费用管理权限呈领导批准后实施。遇紧急情况,无法填写的,须口头请示领导同意后,并在事后补填申请单,报领导批准。

第三条 须借款的,承办人员持批准的"申请单"到财务部办理借款手续。

第四条 承办人员须在事后三日内整理好有关票据,填好经费报销单及业务招待报告单,经财务部审核后,报领导审批。经批准后,到财务部办理结算手续。

第五条 陪同人员一般不超过 2 人,特殊情况需增加的,报请领导批准。

第六条 费用管理权限:厂部室、生产部门均为分管经理。年终公司对当年业务招待费支出情况组织专门审查,发现问题要予以纠正。

第七条 业务招待费原则上不得突破每年初下达的预算计划,如遇特殊情况,报请公司追加计划后方可支出。

第八条 本办法适用于山西安特风机制造有限公司。

第九条 本办法从 2016 年 10 月 1 日起执行。

业务招待申请单

年　　月　　日

部　门		申请人	
事　由			
申请金额			
部门领导		审批人	
备　注			

附

差旅费管理办法

第一条　为提高工作效率、节约开支，根据公司实际情况，制定本办法。

第二条　员工因公出差，须先填妥“借款单”，经分管领导批准后到财务部办理借款。

第三条　出差人员应于出差返回三日内，按规定标准，填差旅费报销单，经领导审批，到财务部办理结算。

第四条　出差人员在外出差期间因公延误，超过批准日期的，须经领导批准同意后，方可按规定标准报销差旅费。如因私延误应请假，延误期间不得领取差旅费。

第五条　员工出差原则上只限搭乘火车、汽车，如因故需乘飞机或带汽车(包括乘火车软卧)的，须经分管经理批准，否则不予报销。

第六条　差旅费标准如下：

单位:元/天

职　别	途中交通费	住宿、市内交通包干费		伙食补助
		内地	沿海	
总经理、副总经理	实报	300	400	150
部门经理	实报	250	350	100
一般人员	实报	200	300	50

第七条　各部门在年初预算的差旅费中控制支出，没有追加不得突破。

第八条　本办法适用于山西安特风机制造有限公司。

第九条　本办法从2016年10月1日起执行

制度六　财务报告与财务分析制度

第一条　为了及时、准确地反映公司报告期资产、负债、所有者权益及经营成果的总体水平，为经营决策提供可靠依据，特制定本制度。

第一章　财务报表

第二条　报表类型：月报、年报。

1.月报有资产负债表、利润表、主要产品产销存情况表，于次月3日前报出。

2.年报有资产负债表、利润表、现金流量表、利润分配表，于次年1月10日前报出。

第三条　报表的格式：按国家统一规定格式上报。

第四条　报表的报出程序：财务部门编制的月、年报，必须由部门负责人审核签字后，送总经理审阅批准，方可上报。年报须经审计部门审计盖章后方可上报。

第五条　企业的成本资料、价格资料及物资消耗资料等方面的报表，未经总经理批准，一律不得随意报出。

第六条　为了全面系统地反映生产经营情况，及时向总经理提供各种经济信息，便于决策分析，应编制下列内部财务报表：

1.产品生产成本及生产费用表；

2.主要产品成本表及可比产品成本表；

3.主要产品单位成本表及可比产品单位成本表；

4.产品销售利润明细表；

5.在建工程明细表（年报）；

6.固定资产及累计折旧表（年报）；

7.制造费用明细表；

8.销售费用明细表；

9.管理费用及财务费用明细表。

报表的具体格式采用现行报表格式。

第七条　为了开展公司内部经济核算，正确计算产品成本，使报表的数据真实、准确和完整，公司各有关部门必须向财务部门和其他职能部门报送如下报表（报表格式由财务部门设置）：

1.生产报表：包括工业产值报表、产品产量报表。由车间统计汇总填报，并于每月25日前送财务部门。

2.产品入库统计表：由销售部门根据质检组验收后的产成品入库单统计填报，并于每月25日前报财务部门。

3.物资收发结存表：包括主要材料消耗表、辅助材料消耗表、低值易耗品消耗表、燃料消耗表。由供应部门按部门领料单分类汇总编制，并于每月25日前报财务部门。

4.能源消耗表：由生产车间根据各车间、部门水、电、气的实际消耗编制，于每月25日前报财务部门。

5.质量报表：由质检部门根据废品单填报废品损失的数量及金额，于每月25日前报送财务部门。

6.费用报表:对实行费用包干的部门按公司下达的费用计划,将费用实际发生的明细情况汇总,于每月 25 日前报财务部门。

7.在产品、自制半成品、产成品收发存报表,由各归口管理部门按明细汇总,于每月 25 日前报财务部门。

第八条 财务报告的编制要求:财务报告必须做到数字真实、计算准确、表表相符、内容完整、报送及时。不允许弄虚作假、任意估算、篡改数字或人为地调整各项指标完成情况。

第九条 报表报送单位:

对内报送:总经理、总经理办公室。

对外报送:太原市迎新区国税局、太原市迎新区地税分局大兴税务所、投资方。

第十条 财务部门必须根据生产经营及财务指标变动情况,编制财务报表的简要说明。说明书的主要内容包括:

1.生产经营情况;

2.利润及分配情况;

3.资金周转及增减变动情况;

4.资本结构及其变动情况;

5.税金缴纳情况;

6.各项物资的盘盈、盘亏、毁损及报废情况;

7.工效挂钩情况;

8.会计核算方法变更对财务状况和经营成果影响程度;

9.其他有必要说明的情况。

第二章 财务分析

第十一条 财务部门应按季或年,对公司的财务情况做出分析。季度分析,于季末次月的 15 日前完成;年度分析,于年度终了后 20 日前完成。

第十二条 利润完成情况分析。

将本期实现的产品销售利润与计划产品销售利润(或上年同期数)进行比较,说明其完成情况以及对企业利润的影响程度,再按下列影响因素进行具体的分析说明:

1.产品销售收入的影响

产品销售收入的影响分为产品销售数量、产品销售单价两项因素,将这两项因素完成情况与计划的销售数量和单价进行比较(或者与上年同期销量及单价进行比较),计算出其影响本期产品销售收入的程度。

2.产品销售结构变化的影响

产品销售结构(即各种产品销售量占总量之间的比率变化)与计划的(或上年同期)产品销售结构进行比较,计算出其对产品销售利润的影响。

3.产品销售成本的影响

根据本期的产品销售成本与计划(或上年同期)的产品销售成本进行比较,计算出产品销售成本的高低对产品销售利润的影响程度。

4.产品销售费用分析

根据本期的产品销售费用与计划(或上年同期)产品销售费用比较,计算出其对产品销售利润的直接影响;再进一步按照费用的具体项目,做具体的分析比较,说明其节约或超支的程度。

第十三条　管理费用及财务费用分析。

首先将公司本期的管理费用及财务费用总额与计划(或上年同期)费用总额进行比较,计算其对企业利润的影响,再按费用的具体项目进行对比分析。

第十四条　成本分析。

1.可比产品成本降低情况分析

(1)可比产品成本降低情况分析

将本期可比产品实际总成本与按上年实际平均单位成本、计算的总成本对比,确定可比产品成本的降低额和降低率,与计划的降低额和降低率进行比较,分析其升降原因。

(2)可比产品成本按成本项目分析

将本期可比产品成本按成本项目分为原材料、燃料、动力、工资、废品损失、制造费用等项目,与计划的可比产品成本项目金额进行比较,找出升高或降低的因素及原因。

2.主要产品单位成本分析

将本期生产的主要产品单位成本及项目与计划单位成本项目、上年实际单位成本及成本项目进行比较,确定其各成本项目的升降,并进行具体分析。

第十五条　资金分析。

资金分析以每个会计期末各项流动资金的实际占用数与计划占用数(或上年同期数)进行比较,找出差异的原因,主要包括应收账款分析、存货分析。

第十六条　财务情况的综合分析及评价指标。

评价公司财务状况及经营成果的主要指标有:资产负债率、流动比率、速动比率、应收账款周转率、存货周转率、资本金利润率、销售利税率、成本费用利润率等。

第十七条　财务分析方法。

财务分析的主要方法根据不同情况适当选用比较法、因素分析法、比率分析法、连环替代法等,一般情况下运用比较法和因素分析法。

第十八条　财务分析报告制度。

财务部门在进行财务分析后,应根据分析暴露出的问题及不足,找出差距,提出解决及改进的措施及建议。

1.年度财务分析报告会,由总经理组织班组长以上干部参加,听取报告。同时将分析报告提交董事会,就财务分析中存在问题与建议,讨论研究,组织有关部门认真实施。

2.季、年度的财务分析报告,经财务部经理审查同意后,可分送有关部门。

第十九条 本办法从2016年10月1日起执行。

第二十条 本办法解释权归山西安特风机制造有限公司财务部。

制度七 会计档案管理制度

第一条 为了统一、规范公司会计档案管理,保证会计档案安全,防止毁损、散失和泄密,做到会计档案妥善保管、存放有序、查阅方便,根据《中华人民共和国会计法》和《会计档案管理办法》有关规定,结合公司实际,制定本办法。

第二条 公司的会计档案是指会计凭证、会计账簿、财务报告等会计核算资料和查账报告、验资报告等,是记录和反映单位经济业务的重要史料和证据。具体包括:

1.会计凭证类:原始凭证、记账凭证、汇总凭证、其他会计凭证。

2.会计账簿类:总账、明细账、日记账、固定资产卡片、辅助账簿、其他会计账簿。

3.会计报告类:月度、季度、年度财务报告,包括会计报表、附注及文字说明,其他财务报告。

4.其他类:银行存款余额调节表、银行对账单、其他应当保存的会计核算资料、查账报告、验资报告、会计档案移交清册、会计档案保管清册、会计档案销毁清册等。

5.会计电算化形成的会计档案。

第三条 会计档案保管。

1.日常会计核算形成的会计档案,应指定专门人员负责保管。年度终了后,各岗位将会计档案整理装订,移送会计档案管理员,并办理登记手续。会计档案管理员将全年形成的会计档案按照归档要求,负责整理立卷,装订成册,编制会计档案保管清册。

2.当年形成的会计档案,在会计年度终了后,可暂由会计机构保管两年或三年;期满以后,由会计机构编制移交清册,移交档案管理部门统一保管。出纳人员不得兼管会计档案。

3.公司采用电子计算机进行会计核算的,应当保存打印出的纸质会计档案和其他介质的会计档案。

4.公司会计档案的保管期限分为永久、定期两类。具体规定见下表:

企业和其他组织会计档案保管期限表

序号	档案名称	保管期限	备　注
一	会计凭证		
1	原始凭证	30年	
2	记账凭证	30年	
二	会计账簿		

续表

序号	档案名称	保管期限	备　注
3	总账	30 年	
4	明细账	30 年	
5	日记账	30 年	
6	固定资产卡片		固定资产清理后保管 5 年
7	其他辅助性账簿	30 年	
三	财务会计报告		
8	月度、季度、半年度财务会计报告	10 年	
9	年度财务会计报告	永久	
四	其他会计资料		
10	银行存款余额调节表	10 年	
11	银行对账单	10 年	
12	纳税申报表	10 年	
13	会计档案移交清册	30 年	
14	会计档案保管清册	永久	
15	会计档案销毁清册	永久	
16	会计档案鉴定意见书	永久	

本办法规定的会计档案保管期限为最低保管期限，从会计年度终了后的第一天算起。

第四条　会计档案借阅。

1.本单位财务人员因工作需要查阅会计档案时，由档案管理人员登记，查阅后按规定顺序及时放归原处。

2.公司各部门因工作需要查阅会计档案时，必须经本部门领导或财务负责人批准同意，办理登记手续后，才能由档案管理人员办理查阅事宜。

3.外部单位及其人员因工作需要查阅会计档案时，应持有单位介绍信（或函）及相关证件，经接待单位领导或财务负责人批准同意，由档案管理人员详细登记查阅会计档案人员的姓名、工作单位、有效证件、查阅日期、会计档案名称及查阅事由，方可查阅会计档案。

4.会计档案一般不得带出室外，如遇特殊情况，需带出室外复制时，必须经财务负责人批准，办理借阅手续，并限期归还，会计档案管理人员应检查所借会计档案是否完整、有无缺失。

5.查阅或者复制会计档案人员，严禁在会计档案上涂画、拆封和抽换。

第五条　会计档案的销毁。

保管期满的会计档案，除本办法第六条规定的情形外，可以按照下列程序销毁：

1.由单位档案管理部门会同财务部门提出销毁意见，编制会计档案销毁手册，列明销毁会计档案的名称、卷名、册数、起止年度、档案编号、应保管期限、已保管期限、销毁时间等内容。

2.单位负责人在会计档案销毁清册上签署意见后，报母公司财务处审核，由总会计师批准。

3.销毁会计档案时，应当由档案管理部门和母公司会计机构共同派员会同公司财务等部门监销。

4.监销人在销毁会计档案前，应当按照会计档案销毁清册所列内容清点核对所要销毁的会计档案；销毁后，应当在会计档案销毁清册上签名盖章，并将监销情况以书面形式报告本单位负责人。

第六条 保管期满但未结清债权债务的原始凭证和涉及其他未了事项的原始凭证不准销毁，应当单独抽出立卷，保管到未了事项完结为止。单独抽出立卷的会计档案，应当在会计档案销毁清册和会计档案保管清册中列明。正在建设期间的建设单位，其保管的会计档案不得销毁。

第七条 单位因撤销、解散、破产或者其他原因而终止的，在终止和办理注销登记手续之前形成的会计档案，应当由终止单位的母公司保管或移交有关档案馆保管。

第八条 单位分立后原单位存续的，其会计档案暂由分立后的存续方统一保管，保管期满后移交档案馆保存，其他方可查阅、复制与其业务相关的会计档案。单位分立后原单位解散的，其会计档案应当经各方协商后由其中一方负责保管或移交档案馆保管，各方可查阅、复制与其业务相关的会计档案。单位因业务移交其他单位办理所涉及的会计档案，应当由原单位保管，承接业务单位可查阅、复制与其业务相关的会计档案。

第九条 单位合并后原各单位解散的，原各单位的会计档案由合并后的单位统一负责保管，或移交档案馆保管；原各单位仍存续的，其会计档案管理按第三条规定执行。

第十条 建设单位在项目建设期间形成的会计档案，应当在办理竣工决算后，及时移交建设项目的接受单位，并按规定办理交接手续。

第十一条 单位之间交接会计档案的，交接双方应办理会计档案交接手续，并报财务部审核同意。移交会计档案的单位，应当编制会计档案移交清册，列明应当移交的会计档案名称、卷名、册数、起止年度和档案编号、应保管期限、已保管期限等内容。交接会计档案时，交接双方应当按照会计档案移交清册所列内容逐项交接，并由财务部派人和交接双方的单位负责人监交。交接完毕后，交接双方单位、经办人和监交人应当在会计档案移交清册上盖章、签名。

第十二条 公司财务部应组织专门人员每年对各单位会计档案至少进行一次全面检查，检查内容包括建档、保管、借阅登记、销毁记录、移交清册等内容是否合规、科学、详尽。对未达上述要求和规定的，要提出规范意见并要求限期整改。

第十三条 预算、计划、制度、合同、章程等文字材料，执行文书档案管理规定，不适用本办法。

第十四条 本办法适用于山西安特风机制造有限公司。

第十五条 本办法从 2016 年 10 月 1 日起执行。

第十六条 本办法解释权归山西安特风机制造有限公司财务部。